ちくまQブックス

在日サッカー、国境を越える

国籍ってなんだ?

木村元彦

筑摩書房

本文イラスト
米村知倫

はじめに

『パッチギ!』という映画を知っているだろうか。朝鮮《ちょうせん》高校の生徒と日本人高校生とのサッカー、ケンカ、恋愛《れんあい》、友情の熱い交わりを描《えが》いた素敵《すてき》な青春映画だ。これを制作した1960年生まれの映画プロデューサー、李鳳宇《リボンウ》さんはこんな言葉を残している。

「私はまぎれもないサッカーの敗者である。いや私だけでなくすべての朝鮮高校サッカー部員たちは敗者だった。戦わずして敗者でなくてはならない者たち。私は目標を持たない数々の名選手を知っている」

在日《ざいにち》コリアン二世で京都朝鮮高級学校のサッカー部のキャプテンだった李さんは、かつて自分たち在日サッカー選手たちが置かれた境遇《きょうぐう》をこう書いた。

李さんたちの世代は、京都最強といわれた京都朝鮮高校がどれだけ無敵を誇《ほこ》っても、文部省管轄《かんかつ》ではない各種学校であることを理由に日本の高校との公式戦には出場できなかった時代を生きてきた。インターハイや高校選手権も自分たちとは無縁《むえん》の世界であり、練習試合で手玉に取って圧勝した対戦相手のチームが全国大会を勝ち進み、メディアの脚光《きゃっこう》を浴びるのを見ては「本当は俺《おれ》たちのほうが強いのに」という思いをグッと噛《か》みしめることしかできなかった。

ここで在日コリアン、在日韓国《かんこく》・朝鮮人と呼ばれる人たちのことをあらためて説明しておこう。

1910年に始まった日本の植民地支配によって、当時の朝鮮の人たちは土地と言葉を奪《うば》われ、約200万人が日本へ渡《わた》ってきた。

日本の敗戦によって解放を迎《むか》えると、多くの人は喜びの感情とともに祖国へ帰っていった。ところが、アメリカと当時のソ連、二つの大国の思惑《おもわく》によって朝鮮は北朝鮮と韓国に分断されて大きな混乱が起き、そのまま日本に残って暮らすようになった人たちがいた。この日本に残った約70万人の朝鮮人とその子孫のことを「在日」という。

1952年には、日本政府がこの人たちから日本国籍《こくせき》を一方的に剝奪《はくだつ》してしまう。こうして在日は無国籍を意味する「朝鮮籍」となり、社会保障制度からも外されて、不安定な身分の中でさまざまな差別に苦しめられていた。

在日の選手たちは高校卒業後、社会人チームでのプレーを目指そうにも国籍が障害となり、就職もままならなかった。練習でいくら努力しても、どれだけ連勝記録を伸《の》ばしても、注目を浴びることもワールドカップ（以下、W杯《はい》）に出場することもできず、サッカー選手としてのその先の未来がイメージできなかった。就職差別や結婚《けっこん》差別など、日本社会が在日コリアンの人々を分離《ぶんり》してその存在を見えなくしてしまっている例はいくつもあるけれど、サッカーにおいてもそれは同じだった。

「戦わずして敗者でなくてはならない者」「目標を持たない数々の名選手」。この言葉は正確には「日本で生まれ育ちながら、選手としての目標を持てなくされた数々の名選手」と言《い》い換《か》えることができるだろう。

しかし、李さんが通った朝鮮学校は、朝鮮民主主義人民共和国（以下、北朝鮮）政府の援助《えんじょ》によって、在日朝鮮人の民族教育のために設立された経緯《けいい》がある。日本国籍を持っていなくても、北朝鮮代表に選出されてW杯を目指すという夢を見ることはできなかったのか。

当時、サッカーにおける北朝鮮と日本の実力差はまだ歴然としていた。1966年のW杯イングランド大会で、アジアの国として初めてベスト8に進出した北朝鮮代表チームが注目して戦力として日本から呼ぶのは、在日朝鮮蹴球《しゅうきゅう》団（1961年に在日朝鮮人サッカー選手によって結成されたサッカーチーム。一時は日本最強といわれた）の特別な選手のみであった。

　何人もの在日選手をピョンヤンの代表合宿に連れて行ったキム・ミョンシクさん（元東京朝鮮高級学校監督《かんとく》）によれば、「（北朝鮮は）政治的な思惑《おもわく》から在日の選手の枠《わく》を作って招集してくれていたが、実際にはピョンヤンに行ってもお客さん扱《あつか》いで、合宿も途中参加《とちゅうさんか》で練習が終わればそこでおしまい。どうぞホテルに帰ってくださいという感じだった。もともと国内の選抜《せんばつ》チームで日々鍛錬《たんれん》しているわけだから、そこに外から入れるということはそのぶん、国内の選手を外すことになる。本国の選手と同程度の実力ならば、在日の選手は落とされた」という状況《じょうきょう》だった。

「本国」という呼び方からして、そこには主導する側とされる側という意識がある。サッカー選手として、戦う前から負けを余儀《よぎ》なくされている現実がそこにはあった。

　1990年代に入ると、日本サッカーがプロ化された。Jリーグが誕生したのだ。ここからJリーグの舞台《ぶたい》に進んで実力でプロ選手への道筋を作り、北朝鮮代表にも選出されてW杯に出場した在日サッカー選手がいる。以降、多くの在日Jリーガーや北朝鮮代表選手が続いた。サッカー選手として生きていくパイオニアとなり、後輩《こうはい》の将来を照らした彼《かれ》は高校時代、まったく無名の選手だった。彼は、「自分の選手としての原点は浪人《ろうにん》をしていた19歳《さい》のときです」と言う。

19歳。現在のサッカーの世界ではとうにプロ契約《けいやく》を済ませて代表デビューを飾《かざ》っていてもおかしくない年齢《ねんれい》である。この年で中田英寿《なかたひでとし》はアトランタ五輪で活躍《かつやく》し、メッシはゴールデンボーイ賞を受賞し、ネイマールはリベルタドーレス杯優勝の立役者になっている。いわばすでに完成されて脚光を浴びている世代である。しかし、彼はその頃《ころ》、プロどころか、どこのチームにも所属していない一人の少年にすぎなかった。そんな男がやがて国家代表になり、W杯へ出場した。このドラマのようなストーリーを支えたのはサッカー部の出身ではなく、コーチ経験のない、これまたまったく無名のただのサッカー好きの男だった。

浪人生とただの男。二人は何もないところから、夢を見て実現させた。私は今からその物語を書いていこうと思う。

目次

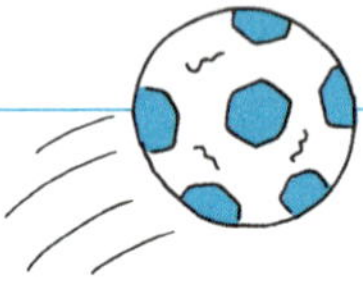

第1章

安《アン》英《ヨン》学《ハ》が少年の頃《ころ》

◆全国高校選手権への挑戦《ちょうせん》

0対1。試合終了《しゅうりょう》のホイッスルを聞きながら、「これでもうサッカーは終わりだな」と、アン・ヨンハはそう思った。1996年、高校3年のときである。全国高校選手権大会東京都予選Aブロックベスト4をかけた修徳高校との試合で負けてしまったのである。

ちょうど前年に、朝鮮《ちょうせん》高校は選手権への出場を許可されていた。

以前より、東京朝高サッカー部監督《かんとく》のリ・ジェファ、茨城朝高サッカー部監督のユン・テジョの二人が日本弁護士連合会の人権擁護《じんけんようご》委員会を通じて、朝鮮学校の運動部を全国高校体育連盟に加盟させるように働きかけていた。同じ高校生、それも本来は民族を超《こ》えてつながれるはずのスポーツの大会なのに、朝鮮学校はなぜ排除《はいじょ》されてしまうのか。

1990年5月には、大阪朝高の女子バレーボール部が大阪府高体連主催《しゅさい》の春季大会に出場が認められていた。ところが、一次予選を勝《か》ち抜《ぬ》くと、突如《とつじょ》「参加を受けたのは間違《まちが》いだった」と通達が来て、出場が拒《こば》まれてしまった。想像してみよう。高校生がいきなりこんな理不尽《りふじん》な目にあわされれば、どんな気持ちになるだろうか。どんなに努力をしてももう報《むく》われることはないと宣言されたに等しいのだ。

「もう後輩《こうはい》たち、生徒たちにそんな思いをさせたくはない」

在校生や教師たちによる高体連加盟に向けた運動は日本社会も巻《ま》きこんだ大きなうねりとなった。日弁連は朝鮮高校の加盟を求める勧告書《かんこくしょ》を文部省に提出し、日教組は20万人署名運動を展開した。署名には日本の学校の生徒たちも協力を申し出た。そしてついに高体連に準加盟という形で、スポーツの各種競技大会への参加が実現したのだった。

ヨンハが所属するのは、かつて「幻《まぼろし》の高校日本最強チーム」といわれた東京朝鮮高校である。同級生たちも息巻いて試合に臨《のぞ》んだ。「先輩たちは（かつて高校日本一の）習志野や帝京《ていきょう》、国見に胸を貸しても負けなかった。それでも出場できなかった選手権に、ようやく俺《おれ》たちの代で参加が認められた。悔《くや》しさをはらすためにも全国一になる」

しかし、結果は全国制覇《ぜんこくせいは》どころか、東京都の準決勝にも進むことはできなかった。試合が長期にわたるトーナメント大会に慣れていなかったこと、Jリーグの発足《ほっそく》にともなって日本の子どもたちのサッカー競技者人口が増えて、レベルが上がったことも要因の一つだっただろう。「もっと早く朝鮮学校の参加が認められていれば、無敵だったのに」と悔《く》やむ関係者もいた。けれど、負けは負けである。ヨンハ自身もまったく良いプレーができなかった。

◆「本当は続けたいんだろ」

選手権の予選が終われば、そこで高校サッカーの主要大会は終わり、3年生は引退となる。インターハイや選手権に出場した有望な選手ならば、Jリーグのスカウト網《もう》にかかるか、プロは無理でも大学からの勧誘《かんゆう》などもある。しかし、東京都予選で敗れた無名の選手に注目するチームはなかった。

進路はどうするか。「仏のヨンハ」と同級生たちにあだ名されるほど心の優《やさ》しい男であった。女手ひとつで自分と兄を育ててくれた母親のことを考えれば、裕福《ゆうふく》ではない家のために高校を出たら、働くつもりでいた。もうきれいさっぱりとサッカーは辞《や》めて就職先も決めていた。

引退してからは、友達と遊んだ。部活動をしていた頃《ころ》は、週末も厳しい練習や試合でつぶれていたので、ようやく休日らしい休日を過ごせるようになった。カラオケやゲーセンに行ったり、カフェで話しこんだり。楽しかったが、空《むな》しさはつねに心のどこかにあった。気がつけば、まだサッカーを納得《なっとく》するまでやりきれていないという思いが、ふつふつと胸の中にたまっていた。

年が明けて、正月になった。実家には新年を祝うために親戚《しんせき》たちが集まってきた。在日《ざいにち》コリアンの家庭は一族の血のつながりを大切にする。それぞれの近況《きんきょう》を尋《たず》ねては、お互《たが》いに健康に新年を迎《むか》えられたことを祝いあった。叔父《おじ》さんや叔母《おば》さんは、ヨンハの卒業後の進路について聞いてきた。「ヨンハギはこれからどうするんだ」

つとめて明るく答えた。「朝銀信用組合に就職しようと思ってます」

「そうだな。春から社会人か。しっかりと働いてな」「30歳《さい》くらいになったら、いい嫁《よめ》を紹介《しょうかい》するから」「それ、まだ早いですよ」「いや、今は結婚《けっこん》は早いほうがいいんだ」

楽しい宴会《えんかい》は、ますます盛り上がっていた。ヨンハは年長の人たちの話の腰《こし》を折らないように、丁寧《ていねい》に会話を合わせた。あと2カ月で卒業である。社会に出れば、サッカーとはもう無縁《むえん》な人生になるが、進路からそれを消してしまった以上、何も語ることはない。

話題も料理も出尽《でつ》くして、そろそろお開きというときだった。後ろのほうでひとりじっと座《すわ》っていた年上のいとこがボソリと言った。「お前、本当は続けたいんだろ」

何を、とは言わなかった。ヨンハはびくりとした。

本当はまだサッカーをやり続けたかった。やりきったとは言えないこのままでは悔いが残る。しかし、今の家庭環境《かていかんきょう》でそんなぜいたくは許されない。誰《だれ》にも口に出せなかったその思いを、この年上のいとこは見抜いていた。彼《かれ》は高校時代、バレーボールの名選手として知られていた。

「俺もバレーを続けたかった。でも断念して就職した。今は自分で始めた商売も上手《うま》くいっている。人は「成功した」と言うかもしれない。だが自分が納得しないままにバレーを辞めてしまったことの後悔《こうかい》はずっと残っている。お前は、悔いるような道は選ぶな」

本心を言い当てられて、ヨンハは背筋が伸《の》びた。ただ、高校3年生の1月になってこれからどうしたらいいのかが想像できなかった。

「最終的な目標がプロサッカー選手ならば、どんなに小さな可能性でもそれを目指せばいいじゃないか。まず大学で続けろ。今年の受験は無理でも、浪人《ろうにん》して次のチャンスを狙《ねら》うんだ。そして入学したら、大学サッカー界で4年間やるだけやって、Jリーグのチームに認められるような選手になるんだ。それでもしもダメだったら、そのときは胸を張って戻《もど》ってこい」

やるだけやってダメなら胸を張って戻ってくればいい。そう言われて、頭の中にたまっていたモヤモヤが一気に晴れていくのを感じていた。

夢は見ていいのだ、精一杯《せいいっぱい》の努力をしても上手くいかなかったのならば、それは恥《は》じることではない。誉《ほま》れになるのだ。いとこの言葉が、失いかけていた人生の目標を呼びこんだ。胸の中で歓《よろこ》びが爆発《ばくはつ》した。ヨンハはジャージに着替《きが》えて、そのままロードワークに飛び出していった。それが期待に対する彼の答えだった。

◆高校3年生からプロを目指す

就職という進路をとりやめたことで、どこにも所属しない浪人生活が始まった。

ここからプロを目指す。日本人選手ならば、ただ練習に集中すればいいのだが、在日朝鮮人がJリーガーになるためには、複雑で理不尽な条件があった。

Jリーグには外国籍《がいこくせき》選手の出場を制限する規約があった。「日本サッカーの強化のために設立されたリーグ」だから、というのがその理由であるが、ヨーロッパではすでに1995年12月に「EU（ヨーロッパ連合）圏内《けんない》のサッカー選手は、他のEUの労働者と同様に国籍に縛《しば》られずに移籍、移動の自由が認められる」というボスマン判決（ベルギーのジャン＝マルク・ボスマン選手が権利を求めて提訴《ていそ》したことから、この名前になっている）が下されていた。以降、すでにグローバル化が進んでいるプレミアリーグ（イングランド）、ブンデスリーガ（ドイツ）、ベルギーリーグなどでは、国籍を問わずチーム編成がなされている。チームの強化を目指すならば、より優秀《ゆうしゅう》な他国の選手たちとしのぎを削《けず》ったほうが鍛《きた》えられるからだが、日本の場合はまだ外国人を一定数以上は入れないという規定が施《ほどこ》されていた。その枠《わく》は三つ。ここは即戦力《そくせんりょく》であるブラジルやヨーロッパの選手で埋《う》められてしまう（2019年に改正され、現在はJ1で最大5人、J2とJ3で最大4人がメンバー入りできる）。

この他に外国人特別枠、通称《つうしょう》「在日枠」というものが存在する。日本国籍を持たない者でも、日本で生まれて日本の学校教育法の定める一条校を卒業している者であれば、1チームに一人だけ外国籍選手と見なされないというもので、ヨンハが狙う枠はここであった。

プロのサッカーチームに入団するためにに学歴が問われるというのは、おかしな話である。それでもその規定のために朝鮮学校出身のヨンハは日本の大学に進む必要があった。また何かあって大学を中退したとしても入団テストを受けられるように、日本の高校卒業資格も取得しておこうと、上野高校の定時制にも通うことにした。

サッカーに集中すべき時期にこれらの負荷《ふか》がかかるのは、やはり日本人選手に比べて大きなハンディといえた。それでもヨンハは黙々《もくもく》と準備と努力を続けた。元来、置かれた環境を嘆《なげ》くよりもそれを受けとめて、前向きにクリアしていこうという性格であった。

目指すのは、大学卒業時のプロ入りである。自宅で入試用の勉強を重ねながらも、19歳というきわめて重要な時期にサッカーのトレーニングを怠《おこた》るわけにはいかない。ライバルとなる同世代の選手たちは、すでに大学や所属クラブで合宿や公式戦を重ねているのだ。ストイックにランニングや筋トレを続けて、自分を追いこんでいったが、やはりそれだけでは足らない。サッカーはチームスポーツであるから、一人でやるにも限界がある。どこかトレーニングができる場所はないか探していたところ、同級生が声をかけてくれた。

「チームで練習をしたいのなら、荒川《あらかわ》に行くといいよ」

荒川区にある東京朝鮮第一初中級学校のOBで作られたサッカーチームがあった。ヨンハはこの場所で「あの人と巡《めぐ》り会《あ》っていなかったら、僕《ぼく》はプロ選手になっていなかった」という出会いを果たす。あの人のことをヨンハは「丹下段平《たんげだんぺい》みたいな人ですよ」と言った。

◆荒川の丹下段平

マンガ『あしたのジョー』に登場する丹下段平は「拳《けん》キチ」の異名を持つ初老のボクシングのトレーナー。路上のケンカで主人公、矢吹丈《やぶきじょう》のボクシングの才能を見抜き、無名時代から二人三脚《ににんさんきゃく》で、チャンピオンを夢見て「あしたのために」と名づけたトレーニングメニューを行った人物である。

荒川の丹下段平ことパク・トゥギは、かつて東京朝鮮第一初中級学校では知られたサッカー選手だった。体幹が強くてボールを扱《あつか》うテクニックも優《すぐ》れていた。高校進学後も当然サッカー部に入るつもりでいたが、中学のOBに「悪魔《あくま》のような先輩」がいた。悪魔の先輩は有無《うむ》を言わさずにこう告げた。

「お前は俺と同じラグビー部な。そんでもしも入らなかったら毎日ヤキ入れな」

朝高は先輩、後輩の関係が厳しい縦社会である。しぶしぶ、ラグビー部に入ったが、好きではなかった競技が長く続くはずもなく、中途《ちゅうと》で退部してしまった。ラグビーを辞めたあとは自らパチンコ部の部長を名乗った。小さな玉をゴールに入れる競技を続け、大勝しては学校にタクシーで通っていた。要はドロップアウトしたのだが、ただそれでもサッカーは好きだった。朝高卒業後には仕事に就《つ》きながら、この地元のＯＢチームでプレーを再開していた。サッカーが校技といわれる朝高でサッカー部出身ではないトゥギは、在日サッカーのコミュニティの中できわめて異色の人物であった。

荒川チームを訪ねたヨンハは、そのまま練習に参加させてもらった。久しぶりに心地《ここち》よい汗《あせ》をかいて、帰宅の準備をしていると、天然パーマのいかつい男にいきなり声をかけられた。

「プロを目指してんだって？」

声の主は、勝ちにこだわり、激しいプレーをいとわないことから「闘将《とうしょう》」のあだ名を持つトゥギだった。

まったく無名の自分が見ている夢は、まだまだ遠い場所にあった。少なくともＪリーグのスカウトは誰一人、アン・ヨンハという存在を知らないのだ。笑われても仕方がないが、素直《すなお》に思いを口にした。

「はい。来年、大学に進んで、将来はＪリーグに入ろうと思っています」

怖《こわ》そうな顔をした男は、それを聞くと、「そうか。絶対プロになれるよ」と、意志を伝えたヨンハが驚《おどろ》くほど、強い口調で断言した。トゥギはヨンハの5歳年上だった。サッカー部でもなければ、同じ時期に高校に通ったわけでもない。それでも荒川でのプレーをひと目見て、これはダイヤモンドだと感じていた。トゥギは少々のテクニシャンでは「あれは普通《ふつう》の選手」と評価して歯牙《しが》にもかけない。ヨンハには無尽蔵の運動量とボールを奪《うば》い取《と》る球際《たまぎわ》の強さがあった。トゥギは、プロになるには中途半端《ちゅうとはんぱ》にバランスのいい選手ではだめで、特化した武器が必要であると見抜いていたのだ。ヨンハには、その武器と、何より「絶対にプロになる」と口に出す気持ちの強さがあった。

「草サッカーの荒川のチーム練習だけじゃもの足りないだろ」。トゥギの問いかけは的を射ていた。19歳という、アスリートにとってまだまだ伸びしろのある大事な年をブランクにしたくなかった。

「よかったら俺と毎日練習しようよ」

願ってもない誘《さそ》いだった。

「お願いします」

◆朝6時、東大御殿下《ごてんした》グラウンドへ

それから、ヨンハのたったひとりの練習に、トゥギは個人トレーナーのように徹底的《てっていてき》につきあいはじめた。実家が営むパチンコの景品引《ひ》き換《か》え所の仕事を終えると、空いた時間はほとんどヨンハの練習のために費《つい》やした。

家からそう遠くない文京区本郷《ほんごう》に東京大学の御殿下グラウンドがあった。たまたま試合でこの人工芝《じんこうしば》のサッカー場のことを知っていたトゥギは、さっそくヨンハを連れて行った。挨拶《あいさつ》をされた東大の学生たちは、一風変わった二人の話を聞くと、こころよく協力を約束してくれた。以降、東大のグラウンドが二人の練習場となった。

朝は6時に西日暮里《にしにっぽり》駅に集合して御殿下まで移動して、午前中はたっぷりと二人で基礎《きそ》練習《れんしゅう》をする。午後は昼休みに出てきた東大の学生や職員のゲームに自然に混ざってボールを蹴《け》った。東大の草サッカー選手たちも、学校とは関係のないこの在日の二人を、まるで古くからの知り合いであるかのように受けいれていた。ある日は体育の授業とぶつかった。種目を聞くとサッカーをやるというので、「僕もやらせてください」と申し出ると、教員も学生も迎え入れ、トゥギは東大の授業を受けた。

授業を終えて学生たちが姿を消すと、それからトゥギとヨンハは対人のロングキックを

東大御殿下グラウンドで練習していた頃の
アン・ヨンハ（右）とパク・トゥギ（左）

延々と続ける。必ず行ったのは、球際の1対1の攻防《こうぼう》であった。いっさいの手加減なしで黙々とそれは行われる。ショルダーチャージをぶつけ合い、互いのスネを削っては激しくボールを奪いあった。振《ふ》り返《かえ》れば、後にハリルホジッチ日本代表監督が、再三その重要性を言葉にしていたいわゆるデュエル（決闘）を、すでにトゥギとヨンハは「あしたのために」この時期に行っていた。

トゥギはつねに原付バイクのかごにボールを積んで移動して、いつでもどこでも対人練習ができるような態勢をとっていた。荒川チームの試合も含《ふく》めて、ときには1日12時間の練習をしていた。

ヨンハがある朝、目を覚ますと、激しい雨音《あまおと》が聞こえてきた。窓から外を見ると、バケツの水をひっくり返したような豪雨《ごうう》が襲来《しゅうらい》している。「闘将、今日はどうします?」。電話でたずねると、トゥギは「ラッキー! 貸切りじゃん」と言った。サッカーの試合は雨でも雪でも行われる。ヨンハはウインドブレーカーを何枚も羽織ってすぐさま飛び出していった。このトゥギとの練習でフィジカルが飛躍的《ひやくてき》に向上した。そして、荒川の丹下段平はことあるごとに口にした。

「ヨンハは必ずプロになれる。大事なのは魂《たましい》だよ、魂」

◆サッカーも入試も

進学先はひょんなことから決まった。

荒川チームが、在日サッカーの全国大会の予選で大田区のチームと試合をすることになり、そこにデュエル上等で激しいチャージをくり返す選手がいた。ボランチのヨンハとちょうどマッチアップするポジションにいたので、最後は意地のぶつかり合いになって、激しい応酬《おうしゅう》がホイッスルが鳴るまで続いた。さんざん削られたが、試合が終わると向こうから握手《あくしゅ》を求めてきた。

厳しく立ち向かうのは、認めた相手に対するリスペクトがあればこそである。

「君、上手いね。普段何やっているの？」

「プロになりたくて今、大学受験の浪人中です」

相手はふっとゆるんだ顔をした。

「俺さあ、立正大を卒業してんだよ。立正はいいよ。そういうことならサッカー部の監督もよく知っているから、紹介するよ。練習に参加してみろよ」

リ・ソンジュン、偶然《ぐうぜん》トゥギの同級生だった。あだ名はタイガーといった。当時、立正大は東京都リーグの1部、関東大学リーグの3部にあたるカテゴリーにいた。

ヨンハは練習に参加させてもらった。監督は誰よりも運動量のあるそのプレーを認めてくれた。「よければうちにおいで」との言葉をもらった。立正大のサッカー部はグラウンドの照明設備も筋力トレーニングの環境も整っていて、ここならレベルアップできるという確信が持てた。これで進むべき学校が決まった。

ところが、途中で入試なしで入れる強化指定選手の枠を取り消されるというアクシデントがあった。「安君、悪いけど、サッカー部として取れなくなっちゃったから、一般《いっぱん》入試で受験してくれないか」と言われたときは、さすがにショックを受けたが、こんなことで夢を潰《つい》えさせてはならない。そこから猛勉強《もうべんきょう》を始めた。そもそも朝鮮学校の授業は日本の受験カリキュラムには向いていない。しかし、そのハンディも乗《の》り越《こ》えて、入試では好成績を残した。入学と同時にサッカー部に入部したのは言うまでもない。

それまで在日朝鮮人のコミュニティでずっと育ってきたヨンハにとって、日本人と同じチームでプレーをするのは、19歳にして生まれて初めての経験だった。どんなふうに話しかけて、どんな距離《きょり》を取ればいいのか。最初は緊張《きんちょう》もしたが、杞憂《きゆう》だった。半日もボールを蹴れば、すぐに打ち解けて仲間になった。折り目正しく、誠実なヨンハに日本人のチームメイトが信頼《しんらい》を寄せるのに時間はかからなかった。

そうして環境を自分の力で整えると、4年後のプロ入りに向けて、あとはサッカーに注力するだけであった。全体練習の後は必ず居残り練習をすることを自らに課し、筋トレもまた一日おきに行うことを習慣化した。

一方、大学の練習がないときは、荒川チームの試合にも出場して、在日の全国大会で優勝を飾《かざ》った。トゥギはこの大会の準決勝で相手と競《せ》り合《あ》い、右肘《みぎひじ》を脱臼《だっきゅう》した。それでもタンカで運ばれながら指示を出しつづけた。「リベロを抜いて、俺のポジションに○○を入れろ」。闘将はどこまでも闘将だった。

◆Jリーグへの道

アルビレックス新潟の強化部長（当時）である若杉透《わかすぎとおる》が立正大学のキャプテンの新井健《あらいけん》二《じ》を見るために大学を訪《おとず》れると、練習後も黙々と一人でトレーニングを続けている選手がいた。若杉はその体幹の太さに見入った。激しくぶつかっても軸《じく》がブレずに倒《たお》れない。それは日本のジュニア育成では稀有《けう》なボディバランスとして若杉の目には映ったが、それこそが、ヨンハが東大グラウンドで闘将トゥギとぶつかりあって培《つちか》ったものであった。

4年生になるとヨンハはアルビレックスの練習に呼ばれた。実質的なテストであった。初日が終わると若杉に寿司屋《すしや》に誘われた。部長同席で寿司屋となれば、すでに嬉《うれ》しい回答が用意されているのではないかと内心喜びながら暖簾《のれん》をくぐった。ところが、待っていたのは「このままでは（君を取るのは）難しい」との崖《がけ》っぷちの宣告だった。ヨンハのプレーにはプロテスト一日目であるがゆえの気負いがもたらした硬《かた》さがあった。奈落に突《つ》き落《お》とされた気分だった。入団できなければ、何のために浪人までしたのか、わからなくなる。ダメだったと胸を張って帰るにしても、まだ早すぎる。

あとがなくなった二日目、気持ちを入れなおした。ここで落ちれば今までの努力は水の泡《あわ》になる。土壇場《どたんば》であることを自分に言い聞かせて、集中力を研《と》ぎ澄《す》ましてゲームに臨んだ。するとどうだろう。マークする相手の動きが見えて身体《からだ》が自然に反応した。得意の1対1ではプロを相手にほとんどを止めてしまった。ヨンハは改めて、気持ちを込めてプレーすることでパフォーマンスが格段に上がることを学んだ。練習後、監督（当時）の反町《そりまち》康治《やすはる》は短くこれだけ言った。

「おう、来年待っているから」

ついにプロ入りが決まった。電話連絡を受けたトゥギは「やっぱり、魂だよ。俺の言ったとおりだろ?」と喜んだ。

年が明けると沖縄キャンプに参加する。ストイックな努力が実を結んで基礎体力は他を圧した。ルーキーながら12分間走りつづけるクーパー走でチームダントツ1位の距離を走破。これが監督の目に留まり、開幕先発の座をつかんだ。浪人のハンディを乗り越えて、プロ生活を快調にスタートさせた。

◆パク・トゥギ競技場

一方、トゥギはヨンハとの出会いの後、後輩や子どもたちの指導をボランティアでやりはじめていた。「蹴りたい奴《やつ》は来いよ」と言うと、口コミで評判がどんどん広がった。東京朝鮮高校のグラウンドの奥《おく》、かつて部室があったミニコートほどのアップスペースでただただゲームをするだけであったが、ＯＢも中学生も、そして現役《げんえき》高校生も練習が終わるとそのまま参加した。

いつしか、アップスペースはパク・トゥギ競技場と呼ばれ、練習はトゥギ練と称された。「トゥギ練はとにかく楽しい」と好評を博し、そのうちに参加している子どもたちによって、ゲームはトゥギと闘将の頭文字《かしらもじ》を取って「Ｔリーグ」と勝手に名づけられた。

そして特筆すべきことに、そのＴリーグからは数多くのプロサッカー選手が生まれたのである。ヨンハを筆頭にキム・キス（福島ユナイテッドＦＣ）、カン・ソンホ（京都サンガF.C.）、ファン・ソンス（ザスパクサツ群馬）、リ・チソン（ＦＣガンジュ岩手）。Ｋリーグへはチン・チャンス、ユン・ヨンスンが渡《わた》っていった。川崎フロンターレへ入団したチョン・テセも蹴りに来た。ただのサッカー好きが勝手に始めたミニゲームは、雲霞《うんか》のごとく人材を輩出していった。保護者からも信頼されたトゥギは、登校拒否《きょひ》児や母子家庭で情緒不安定《じょうちょふあんてい》な子のところに原付で駆けつけては相談に乗り、リハビリとしてサッカーに誘った。やがてそういう子どもがプロの道に進んだり、Ｊリーグのスタッフになっていった。彼らは俗《ぞく》にTリーガーと呼ばれた。かつてはほとんどの在日Jリーガーが参加していたと言っても過言ではない、ものすごい数のプロ輩出率である。けれど、決してトゥギは仰々《ぎょうぎょう》しいことを言わない。

「自分はただサッカーが好きなだけだよ。サッカー好きな者同士のつながりだよ」

第2章

韓国でプレーする在日の北朝鮮代表

ヨンハはアルビレックス新潟で入団１年目からレギュラーの座を獲得《かくとく》すると、２年目もまた中盤《ちゅうばん》の底で守備の要として活躍《かつやく》を続け、２００３年のＪ２優勝、悲願のＪ１昇格《しょうかく》に大きく貢献《こうけん》した。サポーターたちもタックルしてもすぐに起き上がり、献身的にボールに向かうヨンハのプレースタイルを愛した。新潟在住の在日《ざいにち》コリアンの人たちが同胞《どうほう》社会に向けて後援会《こうえんかい》を発足《ほっそく》させると、日本人のほうが多く参加してきた。新潟には3年しか在籍《ざいせき》しなかったが、記憶《きおく》に残る選手として引退後に至るまで慕《した》われつづけている。

◆北朝鮮《きたちょうせん》代表チームからの招集

２００４年、ヨンハは在日サッカー選手として大きな道筋をつける。祖国とする北朝鮮のサッカー協会は、アメリカW杯予選のドーハ大会で日本と韓国《かんこく》に敗れて以降、フランス（１９９８年）、日韓（２００２年）と二大会続けてワールドカップ予選のエントリーを止《や》めていた。アスリートにとって８年にわたって国際大会から遠のくことは、あまりに大きな空白であるが、この二つの国は北朝鮮政府としては宿敵でもあり、敗戦はプライドが許さなかったといわれている。しかし、２００６年ドイツW杯予選に向けて、ついに参加を表明したのである。

１９６６年のイングランド大会でイタリアを破り、アジア初のベスト８に入った古豪《こごう》北朝鮮はアジアの一次予選でＵＡＥ、タイ、イエメンと同じグループに入った。ところがここで苦戦を強《し》いられた。当初、本国の選手だけで代表を編成していたのであるが、リーグ戦前半を終えた段階でＵＡＥに首位を奪《うば》われていた。最終予選に向けて一次予選を突破《とっぱ》できるのは１位だけであり、敗退の危機にあった。次戦タイとの対決は絶対に負けられず、チームを変えることのできる大きな起爆剤《きばくざい》が必要とされた。ここで在日のヨンハに代表チームから招集がかかった。

背景には一人の男の存在があった。在日本朝鮮人蹴球協会《しゅうきゅうきょうかい》のリ・ガンホン理事長である。

◆リ・ガンホンの半生

ここで、在日サッカー界を支えるガンホンの半生を伝えておきたい。

在日二世のガンホンは1963年5月16日に神戸《こうべ》・春日野道《かすがのみち》の朝鮮人集落、通称《つうしょう》チャンソン町に生まれた。チャンソンは朝鮮語で商売を意味するチャンサから派生した言葉で、生田川《いくたがわ》の周辺で商《あきな》いを営む朝鮮人たちのコミュニティを指してそう呼ばれるようになったという。ガンホンの家は父・ジョンイルが国鉄（当時）の高架下《こうかした》につくった家業のメリヤス工場内にあり、彼《かれ》は幼少期を絶え間なく続く電車の振動《しんどう》と音の中で過ごした。両親はメリヤスの糸のヨリから服の編み物まで、根気のいる仕事を昼夜問わず続けて家族を養っていた。夜は最終の長い貨物列車が通過する深夜2時にようやく床《とこ》につき、明け方は5時の始発が出ると同時に起きて働いていた。就職差別が厳しかった時代、在日朝鮮人の人々は零細《れいさい》の自営業で暮らしを立てるしかなかった。

東神戸朝鮮初中級学校（当時）に進学したガンホンは当然のようにサッカーに出会う。

イングランドW杯以降、サッカーは在日コリアンにとっては国技だという意識が生まれており、当時のほとんどの朝鮮学校では、体育の授業も放課後の遊びもすべてサッカーが中心に置かれていた。ガンホンも他の子どもたちに交じって初級学校の低学年の頃《ころ》からボールを壁《かべ》に向かって蹴《け》りはじめた。この時代の朝鮮人の少年にとっては、喧嘩《けんか》が強くてサッカーが上手《うま》いこと、それが男として認められる二大要素だった。

◆サッカーボールはイムジン河を越《こ》えるか

6年生のときにクラスの卒業文集を出すことになり、そこにガンホンは朝鮮語で詩を書いた。タイトルは「チュック・コン」。サッカーボールという意味である。

「チュック・コン」
ぼくはもっと力をつけてサッカーを上手くなりたい
ぼくがもっとサッカーが上手くなってこのボールを北に蹴ったら、ピョンヤンにまで届くかな
ぼくがもっとサッカーが上手くなってこのボールを南に蹴ったら、ソウルにまで届く

かな
ぼくがもっとサッカーが上手くなったらぼくのアボジの故郷の慶尚道まで届くかな
いつになればぼくも行けるかな
ボールなら自由に北にも南にも行けるのに
いつか祖国が統一した日に、韓国からボールを蹴ったら神戸に返って来れるかな

1968年に3人組の京都の学生バンド、ザ・フォーク・クルセダーズがリリースした「イムジン河」という歌があった。

イムジン河　水清く　とうとうと流る
水鳥自由にむらがり飛びかうよ
わが祖国　南の地　おもいははるか
イムジン河　水清く　とうとうと流る

北の大地から南の空へ

飛びゆく鳥よ　自由の使者よ
誰《だれ》が祖国を二つに分けてしまったの
　誰が祖国を分けてしまったの

「チュック・コン」は、分断された祖国を思うこの「イムジン河」を彷彿《ほうふつ》とさせる詩であった。自由に北と南を往還《おうかん》できる鳥に気持ちを託《たく》したイムジン河に対して、ガンホンはそれをボールにした。この詩は小学6年生のガンホンのサッカー観があってこそ成立した。

1965年に日本政府は日韓基本条約を締結《ていけつ》し、韓国との国交を樹立した。韓国政府を朝鮮半島の唯一《ゆいいつ》の合法政府として認めたために北朝鮮の孤立《こりつ》は深まり、朝鮮半島の北と南の分断は確定する。在日が海外渡航《とこう》をしようとしても、一歩日本の外に出れば再入国が許可されず、朝鮮籍の父は生まれ故郷の慶尚道に行ったら二度と神戸に帰ってくることができない。同じ民族が住む半島でありながら、自由に移動もできない悲哀《ひあい》。しかし、スポーツならば、サッカーならば国境を越えることができるのではないか。

ガンホンの父親は子どもの教育に厳しく、帰宅すると必ず授業で使ったノートを提出させ、書いてある文字が少しでも歪《ゆが》んでいたり、汚《きたな》かったりすると容赦《ようしゃ》なく叱《しか》りつけては消しゴムですべて消してしまうような人物だった。

「明日、休み時間に友達に見せてもらって全部きれいな字で写し変えてこい！」

授業参観でも必ずわざと前の戸から入ってきては、ガンホンが集中していないと見るや、同級生の父兄《ふけい》もいる前でバンバン頭を叩《たた》きにきた。あまりの怖《こわ》さに、兄弟《きょうだい》でひそかに「赤《あか》鬼《おに》」というあだ名をつけていた。その赤鬼のように怖かった父が「チュック・コン」を読んだとき、生まれて初めて満面の笑《え》みを見せてくれた。「お前、ようこんなの書いたな。先生が指導したんか？」「いや、先生は何もいうてくれへん。自分で考えたんや。ウリナラも韓国も兄弟や。それが離《はな》ればなれなんはおかしいやろ」「そうか。ようできてるわ。ようやった」。優《やさ》しい目で褒《ほ》めてくれた。

ガンホンの詩はいみじくも父の心象風景を表していた。しかし、そのときすでに父はガンに冒《おか》されていた。詩を読んだ1カ月後、ガンホンが中級学校の1年生になった4月に50代の若さで永眠《えいみん》する。

12歳《さい》のガンホンにどの程度の国際情勢や政治に対する認識《にんしき》があったのかは、わからないが、当時は在日朝鮮人にとって外国旅行を思《おも》い描《えが》くことすらできなかった時代である。しかし、やがて彼は現実にこの「チュック・コン」の夢を叶《かな》えていくことになる。

◆在日の子どもらに大きな夢を

高校を卒業後、在日朝鮮蹴球団に入団し、そこでの現役《げんえき》生活を終えると、ガンホンは1995年に在日本朝鮮人蹴球協会の事務局長に就任する。そこで新しい指導体制の整備に乗り出した。ガンホンは言う。

「日本代表はドーハの悲劇でアメリカ大会に行けなかったけれども、そこから日本の子どもたちは自分たちの未来にW杯があることを確信してがんばりだした。自分もプロになって、日本代表になって、W杯に行くんや！となった」

1993年、W杯アメリカ大会への出場をかけた最終予選で日本はイラク代表と戦い、ロスタイムのラストワンプレーで失点したことで、初出場を逃《のが》した。カタールの首都で起きたいわゆる「ドーハの悲劇」だが、それは悲劇であったからこそ、リアルタイムでテレビ観戦していた多くの子どもたちの脳裏《のうり》に刻まれて、夢の目標が明確になった。がんばれば、W杯に行けるのだと。

「でも在日の子どもたちにはそれがない。在日蹴球協会は、選手がプロに行っても、代表選出については本国に任せきりやないか。それではあかん。ピョンヤンとの連携《れんけい》を深めていって、代表をこちらから送《おく》りこむようにするんや。子どもに夢を、世界を見せてあげることが大人の責任やないか。自分が小学生の頃に夢はなかったが、それなら俺《おれ》がそれを作ってやる」

朝鮮学校の子どもたちは、「日本の学校に勝て」と言われるわりに、なかなかその先の目標を見出《みいだ》せなかった。だから、どんなに上手くても向上心がそこで終わってしまう。在日という国はないわけだから、朝鮮代表になってW杯を目指すという夢を作らなくてはいけない。決意したガンホンは、かねてよりあたためていた構想を現実にしていく。

「サッカーをやってる在日の子どもらに目標を設定させるなら、まずはJリーグ、次に朝鮮の代表になってW杯。どこまでの夢を見ているかによって、子どもの器《うつわ》の大きさは変わってくる。どうせなら大きな夢を見て、大きな器になって欲《ほ》しい」

ガンホンの第二の人生がここから始まった。

北朝鮮の代表チームがW杯に出場したとき、そのピッチに在日の選手を立たせる、という目標が設定された。在日の選手が代表に入れば、子どもたちの夢は自然に育まれ、継承《けいしょう》されていくのだ。

◆「ヨンハは点を取れます」

1972年に在日朝鮮人の日本再入国が認められるようになってからは、蹴球団からも優秀《ゆうしゅう》な選手たちが何人か北朝鮮の代表に呼ばれてはいた。しかし本国政府とそれを支持する日本の在日本朝鮮人総聯合会《そうれんごうかい》（以下、総連）との関係における政治的な意味合いも強く、選手は客人扱《あつか》いをされることがほとんどだった。総連を通して文書だけを送っても本国のスポーツ関係者は現場を見てくれない。ならば直接朝鮮労働党の幹部の懐《ふところ》に入っていって本当の気持ちを伝えるしかないと考えたガンホンは何度もピョンヤンに通い、密なコミュニケーションを図《はか》った。

「何かを成《な》し遂《と》げる、風穴《かざあな》を開けるには、まず人と人が会わないとだめだ。日本や韓国から見ても、今の朝鮮の置かれている立場は理解できない。だから交流が難しくなる。それは相手の立場に立っていないからや。しかしそこに立って世界を見てみれば、答えはおのずと出てくるはずや」

ガンホンは北朝鮮代表チームが海外遠征《えんせい》に行くときは「これを使え」と日本から運んできた治療《ちりょうよう》用のテーピングを渡《わた》し、自ら選手たちにマッサージも施《ほどこ》した。共に食事をし、杯《さかずき》をかわしながら、この協会の人たちが何を好んで何を嫌《いや》がってどこを恐《おそ》れるのかを理解していった。やがてガンホンは大きな信頼《しんらい》を勝ち得ていった。

そのガンホンが、本国の幹部たちに対して強力にヨンハをプッシュしたのである。ピョンヤンの体育関係組織の上から下まで徹底的《てっていてき》に根回しをし、北朝鮮代表監督《かんとく》に、「一次予選でUAEに得失点差で負けている今は、点が欲しい局面じゃないですか。ヨンハは点を取れます。大丈夫《だいじょうぶ》、責任はすべて自分が負います」と申し入れた。本国のサッカー協会が在日の選手を使って、もしも負けたときに責任論になることを見越しての檄《げき》であった。その上でサッカー協会のみならず、本国の政治家、朝鮮労働党の幹部たちも説得した。

「在日の選手が先発で出場することによって、日本で暮らす同胞が、どれだけ喜ぶか考えてみてください」

最後は総連から推薦《すいせん》の文書まで取り付けて本国に送った。

アプローチが実り、代表に招集されたヨンハはガンホンにこう言われて背中を押《お》された。

「これがラストチャンスやと思え。とにかく点を取れ、ゴールを取ってこい」

守備的ミッドフィルダーであるにもかかわらず、点を取れる選手というプレゼンテーションをした根拠《こんきょ》はあった。アルビレックス新潟が8月1日に行ったワールドチャレンジマッチのバレンシア戦でのことである。味方コーナーキックの際に、僚友《りょうゆう》の山口素弘《やまぐちもとひろ》から

「相手はゾーン（ディフェンス）だから一歩遅《おく》れる。ヨンハ、ニアに上がれ」とささやかれたヨンハは、そのとおりに飛びこんで、キッカーの鈴木《すずき》慎吾《しんご》からのボールをゴールに叩きこんだ。勢いのままにミドルシュートも決めてMVPを受賞していたのである。得点感覚のない選手にはできない芸当である。ガンホンはスペインの名門チーム相手に2ゴールを挙げた実績を武器に、周囲を説得していったのである。

しかし、ヨンハ自身の驚《おどろ》きは小さくなかった。自分は本来はボール奪取《だっしゅ》に長《た》けた守備的MFで、ゴールを決めるというのはあくまでも二次的なものだと思っていた。それでもここで期待に応えないともう後がないということは自覚していた。

ヨンハの代表招集は、じつは二度目であった。アルビレックスに入団した2002年9月7日の南北統一サッカーに、北朝鮮代表として呼ばれていたのである。

◆練習着すらもらえなかった初招集

ヨンハが南北統一サッカーのためにチームを離れたのは、J1昇格争いの最中、横浜《よこはま》FCとの試合の直後であった。シーズンは続いており、ここで不動のレギュラーが抜《ぬ》けるのは痛い。それにもかかわらず、アルビレックスサポーターはスタジアムでヨンハのチャントを唄《うた》って送り出してくれた。

この2002年は北朝鮮工作員による拉致《らち》事件を、北朝鮮政府が認めたその年であった。在日コリアンと拉致問題はまったく関係がない。ましてやヨンハにすれば、まったくうかがい知れないところで起きていた事件である。しかし、悲しいことに「なぜ、拉致をしたような国の選手をアルビレックスは使うのか」というクラブへの電話、HPへの心ない書きこみなどが横行した。新潟は拉致の舞台《ぶたい》であった。

周囲の気づかいで直接目にすることなどはなかったが、人一倍心を痛めていた。そんなときだった。一人のサポーターに練習後、呼び止められた。「ヨンハッ、スポーツと政治は別だから。君はサッカーに集中すればいい。ぼくたちはサッカー選手としての君をずっと応援する」。この言葉は心を強く打った。名乗りもせずにその男性は去っていったが、ヨンハはその人の顔を今でも覚えている。

「オーッ、アン・ヨンハッ、イギョラ（勝て）、イギョラ、アン・ヨンハッ」

いつまでも続く新潟サポーターたちの歌声に胸がいっぱいになった。

こんな思いをしながら駆《か》けつけたピョンヤンであったが、いざ着いてみると、連絡《れんらく》の行《い》き違《ちが》いから、本国のチームでは代表に不参加だと思われていた。Jリーグでの日程から始動日に遅れたために「君は来ないと聞いていた」と言われてしまう。当初は練習着すらもらえず、同行した東京朝高時代の監督と二人でボールを蹴るしかなかった。しかし、見送ってくれたサポーターのためにも帰るわけにはいかない。アルビレックスのウエアで練習に参加した。

体力測定ではもっとも強い選手とぶつけられ、「日本から来た奴《やつ》に負けるな」という野次も飛んだ。言葉のわかるヨンハにはきついエールとして響《ひび》いた。ここは果たして自分にとってのホームなのか。しかし、黙々《もくもく》とメニューをこなし、そのフィジカルの強さを見せつけた。食事も練習着も宿舎も予算が潤沢《じゅんたく》なJリーグとは大きく環境《かんきょう》の異なる現場ではあったが、愚痴《ぐち》ひとつこぼさずに適応し、徐々《じょじょ》に実力を認めさせていった。W杯予選に向けての戦力として期待されれば、協会も対応を変えていく。練習着、ジャージ、ユニフォームが与《あた》えられ、最後は代表のスーツまで獲得した。

力で勝ち得た代表の座であった。しかし、いざ統一サッカーの試合になると、出番は限られていた。後半の残り5分に顔見世のように途中《とちゅう》投入されただけであった。ヨンハは戦力として目されていなかった。やはり普段《ふだん》から熟成されている本国のチームに、途中から在日の選手が食いこむのは至難のわざかと思われた。

2年ぶりの代表招集では本職の守備だけではなく、さらに点を取るという使命を遂行《すいこう》しなければならなかった。自分の評価が落ちれば、それは同時に在日の選手の評価につながる。失敗すれば三度目はなく、後輩《こうはい》たちの代表入りの道も絶たれてしまうことを意味する。チームに合流すると、監督の指示もただ一つ「点を取れ」というものであった。試合の前日は悶々《もんもん》としてまったく眠《ねむ》れなかった。

◆勝利を決めた2得点

2004年9月8日。ピョンヤン・羊角島《ヤンガクト》競技場でのタイ戦が始まった。サイドハーフでの先発出場を果たしたヨンハはプレッシャーのなか、とにかくボールが来たらシュートを心がけ、撃《う》ちつづけた。しかし、前半はゴールの枠《わく》にすら飛ばなかった。そのたびにスタンドからは大きな嘆息《たんそく》が漏《も》れた。必死だった。

魂《たましい》がボールに乗り移ったのは後半だった。相手のクリアボールをペナルティエリアの外で呼びこみ、胸でトラップすると自然と利《き》き足《あし》ではない左足が動いた。「出せ」というパスを求める声も聞こえたが、ゾーンに入ったヨンハは躊躇《ちゅうちょ》なくゴールめがけて振《ふ》りぬいた。これが見事に決まった。もう一度やれと言われても不可能かもしれないファインゴールだ

左／W杯アジア予選に出場したヨンハ（右）とリ・ハンジェ（左）
右／アジア最終予選でプレーするヨンハ（写真：築田純／アフロスポーツ）

った。先取点を決めたことでリラックスすると、動きの硬《かた》さもとれた。味方も加点して3－1となった終盤、ダメ押しとなる4点目を今度は右足のミドルで叩きこんだ。北朝鮮はヨンハの活躍が起爆剤となって4－1で勝利。得失点でじつに3の上積《うわづ》みである。ロッカーへ引《ひ》き揚《あ》げるとき、ピョンヤンの記者は「運命のゴールだったな」と声をかけてきた。その意味はやがてわかる。

これ以降、在日の選手が北朝鮮代表に入っていく流れができた。サンフレッチェ広島（当時）のリ・ハンジェ、そして川崎フロンターレ（当時）のチョン・テセ、ベガルタ仙台《せんだい》のリャン・ヨンギ……。

ヨンハが感謝を込めてガンホンの51歳の誕生日を赤坂の焼肉料理店で祝ったことがあった。蹴球団の後輩が経営している店だった。高価な肉をたらふく食べたあとにガンホンはその後輩に言った。「ヨンハがご馳走《ちそう》してくれるんや。全部で

3000円にせい」

◆「敵性国家」への移籍

2006年1月。ヨンハは三つ目の扉《とびら》を開ける。現役北朝鮮代表でありながら、韓国Kリーグ、釜山《プサン》アイパークへの移籍を決めたのである。北朝鮮と準戦時下にある韓国では、過去に「朝鮮籍」を持つ在日の人々の入国をコントロールしてきた背景がある。

ここで朝鮮籍について解説しておきたい。ほとんどの日本人は誤解しているが、北朝鮮国籍と朝鮮籍は異なるものである。1910年に日本帝国主義《ていこくしゅぎ》は朝鮮半島を植民地にすると土地と言葉を奪い、同化政策で朝鮮民族を日本国籍とした。そして日本が敗戦を迎《むか》えると、今度は朝鮮半島出身者の日本国籍を剥奪《はくだつ》した。日本に残った人々は外国人登録証明書を持たされてその国籍欄《こくせきらん》に記されたのが、出身地域名としての朝鮮——すなわち国籍ではなくいわば記号であった。日本における朝鮮籍は無国籍者であることを意味する。

朝鮮半島が38度線を境に北朝鮮と韓国に分かれた後、1950年には本人の意向があれば韓国籍に変えることが認められたが、いまだに朝鮮籍にこだわる在日コリアンの人々がいる。すなわち米国とソ連によって南北に引《ひ》き裂《さ》かれる以前の朝鮮半島を指す、この「朝鮮」籍へのこだわりである。韓国籍を取得すればたしかに身分保証もされて便利にはなるが、それは南だけの国籍であり、祖国の分断を認めてしまうことになる。そう考えて地位的に不安定な朝鮮籍をあえて変えない人々がいる。そしてヨンハはその中の一人である。

つまりヨンハは無国籍者であり、北朝鮮の国籍を持っていない。しかし、Ｗ杯を主催《しゅさい》するＦＩＦＡは、出場選手の国籍をパスポートで判断する。ヨンハは、ピョンヤン政府がパスポートを発行したので朝鮮籍のままＦＩＦＡに北朝鮮代表になる資格を認められ、Ｗ杯に出場できたのである。

Ｋリーグ行きは波紋《はもん》を呼んだ。朝鮮総連からすれば韓国は「敵性国家」である。組織の内部でも当初は激烈《げきれつ》な反対があった。「南北問題はそんなに簡単なものではない。北朝鮮代表のお前に対する誹謗中傷《ひぼうちゅうしょう》はすごいぞ」と「忠告」する人もいた。

それでもヨンハは意志を貫《つらぬ》いた。祖父の故郷である韓国でのプレーは悲願でもあった。思いを正直に伝えつづけた。もともと謙虚《けんきょ》な性格は誰からも愛されていた。反対していた総連の幹部も最後は壮行会《そうこうかい》まで開き、握手《あくしゅ》で送りだしてくれた。朝鮮籍のまま韓国へ飛んだ。実際に釜山でプレーを始めたら、想像以上に市民や選手は温かく迎えてくれた。北の選手だからという偏見《へんけん》は感じることがなかった。

それでもというか、だからというのか、もうこれでヨンハの北朝鮮代表選出はなくなったとほとんどの人々は考えた。過去、リャン・キュサという選手が在日朝鮮蹴球団時代に北朝鮮代表に呼ばれていた。しかし彼がKリーグの蔚山《ウルサン》現代に移籍するともう二度と招集はかからなくなった。南北首脳会談で融和《ゆうわ》が進んだとはいえ、国際法上ではまだ戦争が終わっていない敵性国へ行った選手を代表に呼ぶというのは、前例もなければ、今後もそのようなことは起こりえないと目されていた。ある関係者は、北朝鮮政府からの政治亡命、つまり「脱北《だっぽく》」行為《こうい》だと思われても仕方がないのではないかとまで言った。ところが、2年後の2008年1月、再びヨンハに代表からの声がかかった。

在日蹴球界には諦《あきら》めのムードがあったのだが、むしろ北朝鮮チームのほうからぜひヨンハをもう一度代表に欲しいという強い要望があった。「彼のリーダーシップと仲間を思う気持ちはチームにぜひ必要なのだ」という、あくまでも評価基準をサッカーに置いた招集理由だった。

かつては、「同じ実力ならば、本国の選手が優先起用される」「韓国でプレーしたのならば裏切りと捉《とら》えられて、二度と代表には呼ばれない」というのが定説であった。ヨンハは、前例のない交流を実力で実現させたのである。そしてこれが前例となって、以降もKリーグに移籍した選手が北朝鮮代表に選出されるようになった。かつてない、南北に渡る大きな橋を架けたのである。

44年ぶりのW杯出場

2009年。南アフリカW杯アジア最終予選のメンバーに、ヨンハは選出された。組み分けされたグループBには、イラン、サウジアラビア、UAE、そして韓国というW杯常連国が並んでおり、北朝鮮の戦前の評価は低かった。そんななかで、いざ予選が始まるとヨンハの驚異的《きょういてき》な運動量に支えられた堅《かた》い守りで躍進を続けた。

しかし、好事魔多《こうじまおお》し。ヨンハは5月初旬《しょじゅん》、所属チーム水原《スウォン》三星ブルーウィングスでの練習中に内側側副靭帯《ないそくそくふくじんたい》を切る大ケガをしてしまう。ケガの状態は全治6週間と診断《しんだん》された。W杯出場資格を得られる2位につけていた北朝鮮は、残り2試合にその浮沈《ふちん》がかかっていた。イラン戦が6月6日、サウジアラビア戦が6月17日に行われる予定であったが、クラブの監督は代表戦には間に合わないから行かせないと明言した。ヨンハは、契約《けいやく》が解除されても行きたいと訴《うった》えた。たとえ足が千切れてしまおうとも、このまま試合に出られなければ一生の悔《く》いが残る。親身になってくれたコーチの後押しもあって、切実な願いはようやく監督に聞き入れられた。

ただ、ホームのピョンヤンに来ても全力で走ることはまだできなかった。テーピングで足をぐるぐる巻きにして試合に臨《のぞ》んだ。もう二度とサッカーができなくてもいい、そんな思いで痛みを忘れてひたすら全力でプレーを続けた。イラン戦は0対0のスコアレスドロー。この結果、最後のサウジ戦は引き分けでもW杯に行けるということになった。

6月17日、ケガはとても完治とはいえなかったが、アドレナリンが半端《ハンパ》なく出た。7万人のサウジサポーターが陣取《じんど》る敵地リヤドでの最終戦では、途中でテーピングさえも取ってしまった。気温42度のなか、まさに火が出るようなサウジの猛攻《もうこう》を耐《た》えに耐えた。途中、ペナルティエリア付近で自らが犯《おか》してしまったファウルが2回。心臓が止まる思いがしたが、フリーキックも守りきった。そしてついに、北朝鮮の44年ぶりのW杯出場を決めるホイッスルが鳴った瞬間《しゅんかん》、ヨンハは人目もはばからずに号泣《ごうきゅう》した。

「いろんなことを思い出してしまって」と言ったあとに彼らしいユーモアで付け足した。

「あんなに泣いたのは自分が赤《あか》ん坊《ぼう》として生まれてきたとき以来です」

◆ それでも夢はかなった

振り返ってみれば、育成の枠組みから見てもヨンハは異色だった。サッカーを始めた頃から、専門のコーチについたわけでもない。朝鮮学校も財政が逼迫《ひっぱく》しているから、多くの教師を雇《やと》えない。朝鮮初級学校のときのサッカー部の監督はボクシング部出身で、中級部の監督は吹奏楽部《すいそうがくぶ》のOBだった。

2010年、夢の舞台である南アフリカW杯。ヨンハはブラジル、ポルトガル、コートジボワールを相手にグループリーグ3試合の全てにフル出場し、走行距離《きょり》36・22㎞を記録した。これはグループリーグに出場した全世界の選手の中で最長のものであった。決勝トーナメントには進めなかったが、彼にとっては大きな勲章《くんしょう》となった。13年前、まだ何者でもなく、東大御殿下《ごてんした》グラウンドでただのサッカー好きの先輩とたった二人でボールを蹴っていたかつての浪人生《ろうにんせい》は、W杯で世界の誰よりも多く走ったのだ。

「あの19歳のときの自分に……」。私はアン・ヨンハに問いかける。「君はその後、プロ選手になって、北朝鮮の代表選手になって、韓国でもプレーして、そしてW杯に行くんだよと言ったら、どう思っただろうか？」

ヨンハは笑いながら即答《そくとう》する。「絶対信じなかったでしょうね。何？　そんなわけないじゃん。お前誰だよって、言っていますね」

それでも夢はかなった。

かつてピョンヤンで「君が来るとは聞いていなかった」と言われて練習着ももらえなかったヨンハは、その長きにわたる真摯《しんし》なふるまいから、代表チームからの絶大な信頼を得ていた。現場にいる監督や選手は、ピッチ上で人間の本質を知る。そこに虚飾《きょしょく》はない。

「あいつはたった一人で日本から来て、誰よりもチームのために闘《たたか》ったのだ」

2011年11月、北朝鮮代表はブラジルW杯アジア3次予選で敗退した。この日、ヨンハは後進たちに道を譲《ゆず》る意味で代表チームからの引退宣言をした。次のW杯は7年後である。いつまでも自分がいることで、ポジションが埋《う》まってしまっていてはチームの新陳代《しんちんたい》謝《しゃ》は進まない。しかし、それを受けて代表のユン・ジョンス監督は言った。「私にとってもアン・ヨンハとともに始まった代表チームだ。自分が監督である以上、お前とはずっと一緒《いっしょ》にやるぞ」。そしてその言葉どおりに、ヨンハを2013年に行われる東アジアカップ予選の代表に招集したのである。

ヨンハは監督に言った。「自分の力が衰《おとろ》えたと思われたらもう呼ばないでください」

ユン・ジョンスは即座に返した。「衰えると思うのだったら、さっさと練習しろ」

ヨンハはこれを聞いて、呼ばれる限りはとことん長く代表を務めようと考えなおした。

第3章

もう一つの夢

◆初心に戻《もど》る

ヨンハは、もう一つの夢の実現を求めて動きはじめた。2013年の1月1日、当時所属していた天皇杯《てんのうはい》の覇者《はしゃ》、柏《かしわ》レイソルを契約満了をもって退団した。Jリーグの他のチームからのオファーもあったが、現《げん》役《えき》最後の集大成を目指してそれらすべてを断り、退路を断《た》って目指すのはヨーロッパでのプレーであった。もしかするとこのリスクを冒《おか》すことで引退を余儀《よぎ》なくされるかもしれないが、妻も理解してくれた。最後の夢。海外移籍《いせき》。「そのためにも初心に戻ろうと思って動きました」

新年の蹴《け》り初めは東京朝高のTリーグだった。ヨーロッパを目指して、ふたたびトウギと自主トレーニングを始めたのだ。

北朝鮮《きたちょうせん》代表のレギュラーとしてW杯南アフリカ大会にも出場し、レイソルでもリーグ優勝のメンバーに名をつらねた男が、いわば草サッカーに身を投じてのコンディション調整である。ほんの数日前まで同じ地平で戦っていたJリーガーたちが、設備の整ったキャンプ地でメニューを消化しているときに、主戦場は朝高のグラウンドでのミニゲーム。それでも夢のためにゼロから動きだすのが久しぶりで新鮮だった。校庭の片すみで、ただひたすら自らを追《お》いこんだ。

◆ベオグラードでのトライアウト

海外移籍については他人任せにせず、自分で動こうとアンテナを張りめぐらせた。連日フィジカルが落ちないように練習をこなしながら、友人や知人を通じてヨーロッパのクラブの情報収集に努めた。ヨンハの周囲の人間もまた協力を惜《お》しまなかった。

3月7日、私のパソコンにモンテネグロ人の友人からメールが入った。

「木村さん、アン・ヨンハ選手の夢を叶《かな》えてあげたいです。彼《かれ》は北朝鮮のパスポートを持っていますか？　モンテネグロとセルビアの滞在《たいざい》可能を調べたい。3月31日からベオグラー

ドで1週間トライアウトキャンプがあります。とても良いチャンスと思います」〔原文ママ〕

日本語を話すのも書くのも堪能《たんのう》なこの男の名前はプレドラグ・ステボビッチという。かつて群馬社会人リーグ時代のリエゾン草津《くさつ》（現ザスパクサツ群馬）で指揮《しき》を執《と》ったラトコ・ステボビッチの実弟《じってい》であり、モンテネグロと埼玉を往復しながら、日本人サッカー選手のヨーロッパ留学のサポートもしている人物である。私とは長いつきあいで、モンテネグロの独立の是否《ぜひ》を問う国民投票の取材の際には、献身的《けんしんてき》なサポートで取材現場を支えてくれた。心底信頼《しんらい》できる人物として記者仲間からも愛されており、プレドラグというファーストネームより、ペジャという愛称《あいしょう》で呼ばれている。

ペジャはセルビアの首都ベオグラードで行われるトライアウトの情報を流してくれたのだった。さっそく電話で問い合わせてみると、「大きなトライアウトですよ。ショーウインドーみたいなもので、ヨーロッパの各地から、（現役を続けたい、あるいは移籍先を探している）選手もチームのマネージャーもやってきます。ベオグラードでは去年もやったようですが、イングランドやドイツの大きなクラブに買われていった選手が何人もいましたよ」

ショーウインドーとはよく言ったもので、ゲームを何試合か行い、選手はその中の動きで各チームの強化担当者に品評されるのだ。補強したいポジションや欲《ほ》しいタイプに合致《がっち》したと目されると契約《けいやく》の声がかかる。ドライなシステムであるが、私にはスパイク一つでヨーロッパに挑戦《ちょうせん》しようと考えている今のヨンハにとっては、むしろ向いているやり方ではないかと思えた。一つのチームの練習に参加して、その人柄《ひとがら》や持ち前のリーダーシップが徐々《じょじょ》に認められて入団というのも、彼にとっては一つの方法ではある。しかし、退路を断って海外に渡《わた》るという意思の背景には、キャリアをアップさせるということ以上に、「いろんな国の選手とサッカーがしたい」というプレイヤーとしてのきわめて本能的な衝《しょう》動《どう》があった。そんな彼にとって、このトライアウトは1週間、未踏《みとう》の地であるベオグラードでヨーロッパの各地から来たあらゆる人種、あらゆる民族の選手たちとサッカーでしのぎを削《けず》ることのできる、またとない機会ではないか。

思えば、ヨンハの半生はつねに越境《えっきょう》の歴史でもあった。朝鮮学校から浪人《ろうにん》して日本の大学に入り、努力の末、新潟でJリーガーになった。こつこつと実績を積み上げ、北朝鮮代表に招集されるも当初は代表チームで戦力とは見なされず、あたかもアウェイでのような扱《あつか》いを甘受《かんじゅ》した。2006年には朝鮮籍のまま韓国Kリーグ・釜山《プサン》でのプレーを選択《せんたく》。南北関係の緊張《きんちょう》が色濃《いろこ》いなかでの移籍に猛反対《もうはんたい》する関係者もいたが、その都度実力で自らの存在を認知《にんち》させてきた。同時にそれはまたパイオニアとして、後進の道を切り開くこととなった。誰《だれ》も経験したことのない未知の世界に飛びこむことがヨンハの真骨頂ではないか。

案の定というべきか。ヨンハにベオグラードで行われるトライアウトの存在を告げると、「それ、いいですね。行ってみますよ」。快活に答えると、その後の行動は速かった。誰に頼《たよ》ることもなく、何度も辞書を引きながらキャリアプロフィールを作成し、セルビア現地の担当者にエントリーシートを送り、参加費用も振《ふ》りこんで、またたく間に段取りをつけてしまった。

主催者《しゅさいしゃ》は、W杯《はい》に出場した北朝鮮代表選手からのエントリーに少なからず驚《おどろ》いたようで、丁寧《ていねい》なレスポンスが届いた。トライアウトを仕切るのはUEFAの公認エージェントでもあるバルサというセルビア人であった。「参加を楽しみに待っている」というメールが届いた。

◆ビザ発給の壁《かべ》

柏《かしわ》レイソルを退団してから2カ月が経過していたが、コンディションは悪くなかった。

どんな国のどんな選手とサッカーができるのか。久しぶりに感じる緊張と期待がヨンハの胸中を支配していた。「ヨーロッパなら、3部リーグのチームでも4部リーグのチームでもかまいません。年俸《ねんぽう》が半分以下に減ってもいいです。何より悔《く》いがないように挑戦できるところまで行きたいんです」と語っていたその舞台《ぶたい》まで、ようやくたどり着けたのだ。

問題はセルビア入国のビザだった。この国は日本のパスポートならばノービザでの入国が可能であるが、ヨンハが保持するのは北朝鮮のパスポートである。かつてユーゴスラビア時代は北朝鮮との国交が盛《さか》んであり、70年代などは互《たが》いに留学生が多数行き来していた。しかし、現在では北朝鮮パスポートの場合、ビザ発給までに約3週間かかるといわれていた。

私はセルビア大使館に勤める旧知の友人であるOにアポイントを取り、ヨンハと共に会いにいった。ペジャからトライアウトのメールが入ったのが、3月7日。それから土日を挟《はさ》んでほぼ1週間が経過していた。3月31日からベオグラードで始まるトライアウトに間に合わせるためには、遅《おそ》くとも日本を29日に出発する便には搭乗《とうじょう》しなくてはならない。となればビザはどうしても28日までには必要である。

何としても2週間で発給してくれるように、申請《しんせい》と同時に直接、担当領事にプッシュをかけようとしたのである。Oはサッカーファンであり、しかも幸いなことにヨンハが２０05年にプレーした名古屋グランパスのサポーターであった。セルビア訪問の趣旨《しゅし》を十分に理解したうえで、ビザ担当のネマニャ・グルビッチ領事に引き合わせてくれた。北朝鮮のパスポートを見ること自体が初めてというグルビッチに、私は嚙《か》んで含《ふく》めるように説明した。なぜ、アン・ヨンハは28日までにビザを受け取らなくてはならないのか。彼はトライアウトに参戦するプロのサッカー選手として、どんなに遅くとも30日にはベオグラードで時差ボケの調整のために汗《あせ》を流さなくてはならない。そのためには通常は発給に21日が必要とされるセルビアビザを、なんとか14日で出してほしい。このことによって貴国に何か問題が起こるようなことはなく、それどころか民間スポーツ交流として見た場合、セルビアと北朝鮮にとって非常に意義深いものになるはずである。ヨンハもとつとつとこの挑戦にかける自分の思いを語った。

グルビッチは興味深そうにうなずきながら話を聞いてくれた。

「理由はたいへんよくわかりました。アン選手の誠実さも話していて感じました。私も本国のほうにビザが28日までに必要な理由を書き添《か》《そ》えて申請し、一刻も早く下りるようにプッシュします。ただ理解をしていただきたいのは、発給の判断をするのはあくまでも本国の内務省なのです。私たちが尽力《じんりょく》できるのは、ここ東京の大使館から本国に送る際にアンナ選手の事情を説明して早急《さっきゅう》に出してほしいとお願いをする、そこまでなのです」

人物についてのお墨付《すみつ》きをくれた上で、28日までとリミットを区切って申請書を送ってくれるという。ビザ発給のメカニズムは理解していたので、私は領事のこの言葉がまず欲しかった。どの国でもそうであろうが、本省と大使館の関係は主と従である。領事には限界がある。あとは期日に間に合うよう、大使館経由でこちらからプッシュをしていくしかない。最初から責任逃《せきにんのが》れのような理由付けをされるのは気分のいいものではないが、まずは領事の信頼を得て親身になってもらうことを目的とした訪問は成功した。

かつて1999年にセルビア（当時の国名はユーゴスラビア）がNATO軍の空爆《くうばく》に晒《さら》されていた期間、本国はスパイの流入を警戒《けいかい》して外国人の入国を制限していたが、私はこの方法、大使館の領事からのプッシュによってジャーナリストビザを発給してもらったことがあった。このときは国内で1週間ほど待っていてもレスポンスがなく、見切りで先にヨーロッパに飛んでアイルランドとギリシアでの取材を済ませたあとにバルカン半島に陸路で向かった。最後はギリギリ、ギリシアのテッサロニキで発給が間に合い、大使館からホテルへファックスで送付してもらったのである（『悪者見参』集英社文庫参照）。しかし、ヨンハの場合は確実に入手して飛んでもらわなければならない。最後に「絶対に28日までに発給してほしい」と念を押《お》した。

グルビッチは「やはり、私のほうで確約はできませんが、精一杯の文書は送ります」としたうえで、申請書への記入を促《うなが》した。手数料は何と2万円だという。ボッタクリである。法外である。

それでもこれを払《はら》うしかない。ヨンハは現金を渡し、いくつもの書類にサインを施《ほどこ》し、パスポートと写真を預けた。

◆焦燥《しょうそう》の2週間

ビザ申請をして、1週間が経過したあたりから、私はセルビア大使館へ催促《さいそく》の電話とメールをそれとなくしはじめた。

毎朝Oと「出ている?」「まだですね」という会話を繰《く》り返《かえ》すのが日課となった。ビザ担当領事は毎朝、本国からの通信をチェックして発給のOKが出た申請パスポートにビザスタンプを押すというシステムになっている。打電がないことを確認するたびに、Oもため息をついているようだった。

ヨンハのほうは、すでに29日出発の航空券の手配を済ませていた。依頼《いらい》したのは、以前から在日《ざいにち》朝鮮人の渡航《とこう》を多く手がけている関西の旅行代理店で、ノウハウも蓄積《ちくせき》しているために、今回のようなビザ発給日が不確定なケースにもどっしりとかまえて対応してくれていた。だが、さすがに残り3日を切ってくると、28日以降になった場合の想定をせずにはいられなくなった。私はペジャに問い合わせた。

「ヨンハはビザの問題でトライアウトに初日からは参加できないかもしれない。その場合は途中《とちゅう》参加することは許されないだろうか。本人では解決できない事情だけに、斟酌《しんしゃく》してもらえないだろうか」

しばらくして回答が来た。

「大丈夫《だいじょうぶ》です。そういう都合であるならば主催するほうも理解します。その場合はビザが出た段階で何日から合流できるかをすぐに知らせてください」

途中からでもOKとはなったが、当然ながら最初から参加できるに越《こ》したことはない。ショーウインドーには長く飾《かざ》られたほうが買い手がつきやすい。何より、少し実戦から遠ざかっていただけにコンディション調整も懸念《けねん》される。

27日朝、Oに電話。「まだ出ていないです」「明日出る見通しはどうかな?」「本当になんとも言えないですね」

航空券は、最悪の場合はキャンセルになってチャージが取られる。それは覚悟《かくご》しつつも、もしも明日発給されれば搭乗がギリギリ可能になる。そのためにも受け取りの段取りだけは決めておく必要があった。通常は大使館から本人に連絡《れんらく》が行き、ビザの押されたパスポートを郵送してくることになっているが、それでは間に合わない。私とヨンハは翌日の夕方の時間を確保して大使館に直接受け取りに行くことにした。発給されていなくてもその場で再びのプッシュをグルビッチ領事にかけるつもりであった。「根気よく、毎日ベオグラードを説得してくださいよ」と。

やはり、2週間での発給は無理なのだろうか。遅《おく》れた場合、航空券をどの段階で予約すべきか。ビザが取れたという連絡が入った翌日の出発便を即座《そくざ》に押さえるしかないのだが、席が空いている保証はない。

◆「痛みのわかる国じゃなかったのか」

翌28日の午前10時を少し回った頃《ころ》だった。私はこの日、FC東京の取材で練習グラウンドのある小平《こだいら》に電車で向かっていた。乗《の》り継《つ》ぎのタイミングでOに電話をしようとしていたら、セルビア大使館からの着信履歴《りれき》が入っていることに気がついた。こちらから催促はしても向こうからかかってくることはないので、これはまさに吉報《きっぽう》だと受け取った。武蔵《むさし》小金井《こがねい》の駅で降りて、よし折り返そうと携帯電話《けいたいでんわ》を握《にぎ》りなおしたそのときだった。ヨンハから電話が入った。

「おはようございます。木村さん、今電話いいですか?」「大丈夫だよ」「さっきOさんから連絡が入って、僕《ぼく》のセルビアのビザが下りないということになったそうです」「何だって!」

さっきはその電話だったのか。しかし、下りないとはどういうことだ。一サッカー選手が招聘元《しょうへいもと》からのインビテーションももらい、正式な手続きを踏《ふ》んで行ったビザ申請である。しかも2万円もの手数料を払わせているのだ。時間はかかっても当然、発給されると信じて疑わなかった。それなのに入国さえ、させないというのか。猛烈《もうれつ》にセルビア政府に腹が立ってきた。

セルビアは私にとってはきわめて思い入れの深い国だった。ユーゴ紛争《ふんそう》ではセルビアは欧米《おうべい》社会から一方的に悪者にされた。それに憐憫《れんびん》の情を持っていた。実際に現地で感じた欧米の報道の偏向《へんこう》ぶりに憤怒《ふんぬ》して、より公正に事実を伝えようと取材を重ねた国であった。

とくにコソボ紛争時には米軍主導によるセルビア本土への空爆の不当性に対してペンでの告発のみならず、デモまで主宰《しゅさい》して抗議《こうぎ》してきた。

サッカーに関していえば、セルビア（当時ユーゴ）は１９９４年のアメリカW杯と二つの欧州選手権に出ることができなかった。政治に蹂躙《じゅうりん》されて国際社会から孤立《こりつ》し、スポーツにおいても国際大会の出場資格を剝奪《はくだつ》されたことをおかしいと主張しつづけてきた。「スポーツと政治は別ではないか」。さんざん、そう言ってきた当事国が、ただ自分の夢のためにトライアウトを受けようとするサッカー選手にビザを出さないとはどういうことだ。いったい理由は何なのか。北朝鮮政府はつい先月、2月12日に地下核実験《かくじっけん》を行い、世界中から大きな非難を浴びていた。そのせいなのか。

そんなことをグルグルと考えていたが、携帯の向こうにいるヨンハは声を荒《あら》らげるでもなく、いつもの彼らしく冷静にこの事態を受け入れていた。「Ｏさんも本国がビザを下ろさない理由はわからないようで、申し訳ない、自分も残念だと言ってくれているんです」

悔《くや》しいに違《ちが》いない。何か犯罪を犯《おか》したわけでもない、ただ純粋《じゅんすい》にヨーロッパでサッカーをしたいという人間が自身で手配をし、役所の言うとおりに煩雑《はんざつ》な書類作業をこなして明日いよいよ渡航という日までひたすら待った。それらをまるで全否定するかのような仕打ちである。それでもヨンハは毅然《きぜん》としていた。「仕方がないですね」

私はやり場のない怒《いか》りを責任のないOに電話でぶつけてしまった。理由を問いたいと話すと、それは本国も大使館には説明をしないという。まるで大きな悪い秘密があるかのような扱いに、「そんな国だったのかセルビアは。世界で孤立した国の人間の痛みがわかる国じゃなかったのか」とわめいた。

◆もう一度、東大御殿下《ごてんした》グラウンドで

夕方、ヨンハと大使館で集合する予定であったが、Oが館外へ持ち出す許可を取ってパスポートを持って来てくれた。まじめなOは改めてヨンハに力になれずに申し訳ないと頭を下げたが、ヨンハは気丈だった。

「Oさんは悪くないですよ。こういうことは慣れているといえば慣れていますよ」

本来ならば明日には機上の人となり、これから始まる真剣勝負《しんけんしょうぶ》にメンタルを集中させていたはずだった。それはまたアスリートにとって大きな経験の糧《かて》となるべきものであった。しかし、本人には全く関係のないことでその戦いの場に立つことすらできないという現実を突《つ》きつけられた。

それでも恨《うら》みがましいことはいっさい口にせず、今後のプランを宣言するように語った。

「高校の監督《かんとく》の縁《えん》で、スペインの2部に所属するサバデルというチームから入団テストを兼《か》ねての練習参加に来てもいいと言われているんです。今はちょうど昇格争《しょうかくあらそ》いをしている最中なので、もう少し落ち着いて受け入れる準備ができたら連絡をくれることになっています。来月になると思いますが、それまでまた練習しつづけます」

EU加盟国に入国するためのシェンゲンビザは、年明け早々に取得済みであった。これが有効な間にサバデルから連絡が来ることを祈《いの》った。

それにしても、朝鮮籍のサッカー選手の海外移籍がこれほどまでに困難であるとは想像以上であった。彼らは海を渡るその段階でハンディを背負わされていると言っても過言ではない。

それでもヨンハはあきらめない。34歳《さい》というプロフィールに記された年齢《ねんれい》だけでの判断ではなく、実際に自分のプレーを見てもらいたかった。その上での評価ならば納得《なっとく》もするが、その機会すらないままではあきらめることはとうていできなかった。翌日から再びトゥギと浪人時代の思い出の地、東大御殿下グラウンドでボールを蹴りだした。19歳のとき以来、実に15年ぶりだった。当時、一緒《いっしょ》にボールを蹴った東大の職員たちも懐《なつ》かしがって迎《むか》えてくれた。あの、まだ何者でもなかった無名の在日の少年がJリーガーになり、W杯に出場し、そして今またあえて無所属に身を置き、ヨーロッパ移籍を夢見て努力を続けているのだ。人として応援《おうえん》しようと思わないわけがない。

◆新たな国に新たな道を

スペインはカタルーニャ州バルセロナ近郊《きんこう》に位置する都市サバデル。その地をホームとするサッカークラブCEサバデルは創立1901年と歴史も古く、かつてはコパ・カタルーニャを制したこともある名門クラブであった。しかし、近年になると経営状態が悪化。リーグの資本金についての規則の変化にも対応できず、クラブライセンス剝奪の危機に陥《おちい》っていた。そこで、2012年に日本人の実業家である坂本圭介《さかもとけいすけ》が株の過半数を買収して経営に乗り出していた。坂本がオーナーになる前であるが、2010年から2011年のシーズンには日本人選手の指宿洋史《いぶすきひろし》が在籍していたことでも知られている。

ヨンハの東京朝鮮高校時代の恩師、リ・チョンギョンがサバデルのスタッフに知己《ちき》があり、その紹介《しょうかい》で練習参加のチャンスが与《あた》えられていた。ただ、チームの順位がある程度確定してから来てくれということで、ヨンハはそれを待っていた。スペインの2部リーグ

（セグンダ・ディビシオン）は1位と2位が自動昇格で、3位から6位がプレーオフに回される。サバデルは7位前後で健闘《けんとう》していた時期が長く、ヨンハはチームの事情で足止めをくらった格好になっていた。

ようやく順位が落ち着いたのが4月中旬《ちゅうじゅん》だった。チームとしては残念ながらプレーオフの圏外《けんがい》になってしまったが、これでようやく「練習参加に来られたし」という連絡が入り、ヨンハは4月17日に成田を出発した。

翌18日、ドバイ経由でバルセロナ空港に到着《とうちゃく》。いよいよヨーロッパの地に降り立つことになったが、ここで入国の際、また小さなアクシデントがあった。ビザは取得してあったのだが、入国審査《にゅうこくしんさ》でパスポートを差し出すと、イミグレーションの役人が「こんな旅券は見たことがない」と言いだしたのだ。そのまま別室に呼ばれた。役人は決して高圧的な態度ではなかったが、「この（北朝鮮の）パスポートをこれまで通したことがないから、どうしても確認せざるを得ない。待っていてくれ」と言い残し、40分近くずっと控《ひか》え室《しつ》で待たされた。

結局確認が取れてオッケーとなったとき、ヨンハは別《わか》れ際《ぎわ》に聞いた。「これまでこのパスポートを持ってここに来た人はいないのですか？」

「いない。少なくとも私はそう思う」

「それなら、僕ので経験をされたわけだから、次からは通してあげてください」

北朝鮮パスポートで初めてバルセロナの入国審査を通過した人間として、道を作ることを忘れていなかった。

◆できることは全部やった

到着して直後の2日間はチーム練習がオフだったので、育成のカテゴリーが使用している人工芝《じんこうしば》のグラウンドで一人でトレーニングを行った。動いてみると連日追いこんだ成果で、決してフィジカルは衰《おとろ》えてはいなかった。3日目、オフ空けである。待ちに待ったトップチームでの練習参加となった。サバデルのエンブレムが付いた青い練習着を着たときには、ようやくここまで辿《たど》り着《つ》いたという思いで胸がいっぱいになった。ヨーロッパの選手たちと同じチームメイトとして、同じピッチで練習ができる。何年も前から望んでいたことがついに実現したのだ。

それから4日間、悔いのないように練習に没頭《ぼっとう》した。サバデルのサッカーは日本とも韓《かん》国《こく》ともスタイルが違っていた。パワフルでパススピードが速く、プレッシャーも厳しかった。とくにサイドハーフのランサローテという選手は上背《うわぜい》こそなかったが、アジリティー（俊敏性《しゅんびんせい》）があり、シュートが抜群《ばつぐん》に上手《うま》かった。聞けばチーム得点王で1部のエスパニョールへの移籍が決まっているという。両サイドバックの選手もスピードがあってクロスの精度が高かった。

それでもヨンハはプレーをしていくうちに十分な手ごたえを感じていた。よく観察すると、こちらの選手は間合いの詰《つ》め方《かた》が速いぶん、逆にかわされることが往々にしてある。守備の組織力もJリーグのほうが鍛錬《たんれん》されているとも思えた。レイソル時代に知将ネルシーニョの下《もと》で緻密《ちみつ》なトレーニングを積んできたことが身に付いていた。持てる限りの力を発揮してプレーをすれば、このチームに入っても臆《おく》することなくやっていけるという自信めいたものが湧《わ》いてきていた。

選手は、チェルシーからレンタル移籍で来ているメキシコ人の選手ともう一人アフリカの選手を除けば、ほとんどスペイン人だった。みんな性格が明るく親切で、スペイン語ができないヨンハが監督の指示がわからず困っていると英語で助けてくれた。

練習の進め方の違いもまた印象的であった。日本では設定されたルールからはみ出ることはまずないが、サバデルでは2タッチの約束があって3回触《さわ》っても、あるいはボールがラインを割ったりしてもプレーを切らずに続行された。小さなことで練習の流れを止めたくないというのがその理由であった。そんな考え方もあるのか、と新鮮に映った。緑豊かな街の環境《かんきょう》も素晴《すば》らしく、ヨンハは改めてこのチームでプレーをしたいと強く願った。4日間の練習ですべてを出しきり日本へ戻った。あの街ならば家族とともに生活することも十分可能である。ひたすらいい報《しら》せを待った。

しかし、数日後。サバデルのスタッフから「残念ながら来シーズンの契約には至りませんでした」との連絡が入った。

「自分のできることは全部やってきたし、これで入れないって言われても、それはしょうがないです。やるだけやったんで悔いはないです。他のチームを探します」とヨンハはトゥギに告げた。

「そうだな、またがんばって他を探そう」

闘将はそう言うと、変わることなくトレーニングにつきあってくれた。

◆ジャパンブルーのユニフォーム

無所属のまま練習を続けるヨンハに藤田《ふじた》俊哉《としや》（前ジェフユナイテッド市原・千葉）から

嬉《うれ》しい電話が入った。昨年、2012年に18年間の現役生活に終止符《しゅうしふ》をうったミスターJリーグが、自身の引退試合（オランダへコーチの勉強に行くため、実際には「送別試合」と銘打《めいう》たれた）に出場してくれないかという。ジュビロ磐田《いわた》の黄金時代を支えたこの男とヨンハは、名古屋グランパスで1年間、共にプレーをしていた。尊敬する藤田からの願ってもない依頼だった。

しかもジュビロスターズ、ジャパンブルーの2チームに分かれるうちの、ジャパンブルーの所属だという。一昔前であれば、引退試合とはいえ、在日の選手がジャパンを背負うこと自体、在日社会の内外から批判を浴びたはずである。しかし、まったく問題はなかった。快諾《かいだく》したヨンハが在日本朝鮮人蹴球協会《しゅうきゅうきょうかい》の職員、キム・ジョンファに経緯《けいい》を説明して「宣伝してください」と頼《たの》むと、ジョンファはこころよくホームページに掲載《けいさい》してくれた。強面《こわもて》の理事長、リ・ガンホンも「行ってこい。これはサッカーや、関係ない」と送りだしてくれた。

5月23日、会場の国立競技場にヨンハは電車で出かけた。ロッカーに一度入り、場内のカフェに移動すると、すでに入っていた顔なじみの日本人選手たちが声をかけてくれた。JFLのFC町田ゼルビアで監督をしている秋田豊は「ヨンハー、町田に来いよー、待ってるよ」といきなりオファーをくれた。

ヨンハは元代表ゴールキーパーの小島伸幸《こじまのぶゆき》と話しこみ、ロッカールームへ戻ると、そこには三浦知良《みうらかずよし》と中田英寿《なかたひでとし》がいた。この二人は特別な存在だった。しっかりと挨拶《あいさつ》をしてからウォーミングアップを始めた。身体《からだ》をほぐして試合開始の20分前にグラウンドに出ると、まさにそのカズとヒデとナオト・インティライミの3人がボールを蹴っていた。ヨンハはここで蹴らなきゃ今日来た意味がないな、と思って無理矢理に入っていった。カズが気づいてパスをくれた。食《く》らいつくようにしてボールを回すとヒデからの強いパスが返ってきた。まるで、「お前これくらい止められんだろう?」と言われたようで嬉しかった。ヨンハにとって中田は、ペルージャでプレーしていた頃から著作やブログをむさぼるように読んだ、思い入れのある選手だった。

ひととおりパス交換《こうかん》が終わった後に、カズがいきなり右サイドに張り出して、クロスを上げ出した。ナオト・インティライミが中でそれに合わせたのに続いてヨンハも加わった。あこがれた選手とのコンビプレーに、ヨンハはもう心底満足していた。

北澤豪《きたざわつよし》、山田卓也《やまだたくや》もヨンハの夢を知って気さくに話しかけてくれた。北米サッカーリーグのタンパベイ・ローディーズでプレーしている山田は無邪気《むじゃき》に「アメリカにおいでよ。

チームに言ってあげようか」とまで言ってくれたが、それこそ北朝鮮パスポートの選手が入団したら、前代未聞《ぜんだいみもん》のことだった。「アメリカは僕行けますかね。行けたら革新的なことになりますけどね」と笑った。

試合が始まると、ヨンハは松木安太郎《まつきやすたろう》監督の指示の下、後半から出場し、45分間プレーした。松木は明るくそして優《やさ》しかった。「アンちゃん、今日はよろしくね。ケガしそうだったら言ってね」「アンちゃん、いろんなポジションやらせて悪かったね」

試合終了《しゅうりょう》後、トラックを選手たちと一緒に回って観客に挨拶をしていると、今更《いまさら》ながら現役選手であることの喜びが込み上げてきた。ヨンハは手を振りながら、こんなふうに思っていた。

「僕が自分から選手をやめることはないな。僕がやめるときはやる場所がなかったり、できなくなったりしたときだけだ。自分からやめるっていう選択肢《せんたくし》は捨てたんだから、最後まで全力を尽《つ》くそう」

ジャパンブルーのユニフォームに袖《そで》を通したときの感想を、改めて聞いてみた。

「決して自分の国を裏切るとかそういうことじゃないですよ。逆にそう言われたら寂《さび》しいですよね。カズさんやヒデさん、今回あの試合に集まった人たちがいたからこそ、僕はサッカーをもっと好きになれましたし、彼らのプレーを観《み》て勉強にもなったんです。本当に彼らから夢を与えてもらったと思うんです。日本代表がW杯に挑《いど》む姿も見たし、W杯の難しさも見た。日本代表が戦《たたか》い抜《ぬ》いたときのパワー、喜びも目の当《ま》たり《あ》にしてきました。だから、影響《えいきょう》を受けた僕が朝鮮代表で頑張《がんば》れたとも言えるんです」

北朝鮮代表の誇《ほこ》りを持ちながら、自らが育った日本のサッカーシーンへのリスペクトも忘れない。

◆新潟がつないだ縁

韓国Kリーグを含《ふく》め六つのチームに所属してきたヨンハにとっても、新潟はやはり特別な都市であった。そして新しいスタートもその新潟とのつながりから生まれた。

2013年の年始から、ヨーロッパでのプレーを夢見て、どこにも所属せずにドイツやスペインのチームの練習に参加し、挑戦を続けてきたヨンハであったが、入団には至らなかった。そんな彼に声をかけたのがアルビレックスで2年間、共に戦った山口素弘《やまぐちもとひろ》だった。日本代表を牽引《けんいん》した現役時代から、その知的なプレーぶりで「必ず優秀《ゆうしゅう》な指導者になる」と周囲から目されていた山口は、2012年3月、横浜《よこはま》FCの監督に就任。前任者が解任されたときに最下位だったチームを見事に建て直し、シーズン終了時には4位にまで躍進《やくしん》させていた。11月末、ヨンハの元に横浜FCのスタッフで韓国語の通訳をしている旧知のキム・ミョンホから、「監督がうちの練習に来ないかと言っている」という連絡が入った。

山口のようなクレバーな選手が自分を評価してくれていたことをヨンハは素直に嬉しく思った。しかし、躊躇《ちゅうちょ》があった。

この時期はヨーロッパ移籍の可能性をまだ追求しており、ふたたびテストのために飛び立とうとしていた。煮《に》えきらない気持ちのままに練習に参加するのは、信義を重んじる自身の性格からも許されないような気がしていたのだ。「まだヨーロッパという目標があるなかで、もし横浜に来てほしいと言われたときに即座に「はい、行きます」と言う自信がないんだとミョンホに伝えました」。そんな状態で練習に行くのは山口やチームに対して失礼だという思いだったのだ。

すると山口本人から直接電話がかかってきた。

「ヨンハ、いいよ。気持ちはわかるけど、そういう心配はしなくてもいいから、とりあえず来いよ。オファーを出したら、必ず入団しなくてはいけないということもないし。もちろん、お前のプレーが悪かったら俺《おれ》はオファーもできないし（笑）。まず一度おいで」

山口にそこまで言われたら、行かないわけにはいかない。「ありがとうございます、行かせていただきます」と即答した。

12月初旬のオフに入る前の2日間の練習に参加した。ヨンハは、行く、行かないは別として、呼んでもらったからには山口に欲しいと思われるように全力でプレーした。本番さながらに声も出してタックルも連発した。柏レイソルを退団してから、プロの練習に参加するのは1年ぶりであったが、自分でも動けていると感じていた。じっと見ていた山口は笑いながら、OKを出した。「まだできるじゃないか。ヨンハはピッチ以外の部分でも若い選手の手本になってくれると思うから、チームに言っておく」

◆在日のヒーローになりたい

やがて、年が明けた。ヨンハの横浜FC入団のニュースが発表された。「Jリーガーになる」「W杯に出場する」。在日朝鮮人という、日本社会に参画する上でのハンディ（Jリーグの場合は特別外国人枠《わく》が各チームに一つしかない）を抱《かか》えながら、次々に夢をかなえてきた男は、最後の目標としてヨーロッパへの移籍を掲《かか》げ、退路を断って1年間チャレンジしつづけた。残念ながらその夢はかなわなかったが、再びJリーグで自身の魂《たましい》を見せることになった。

ヨンハはこんなふうに振り返った。

「みんな僕がチームに入っていなかったんで、実戦感覚を心配するんですけど、闘将、トゥギさんのTリーグってけっこう、プレッシャーもきついし、コンパクトなスペースでやっているんで次のアクションを考えている時間もない。自然と判断も速くなります。2回目の浪人でしたけど、今回もすごくいい練習になっていました。横浜FCに入団することについては、僕も決断するまでに正直いろんな葛藤《かっとう》がありました。また、J2というカテゴリーのことも考えてしまったり」

無理もない。ヨーロッパのクラブにチャレンジすると決めて退路を断つ前は、その年の天皇杯優勝チームに在籍していたのだ。

「でもやっぱり僕を必要としてくれる監督の下でプレーすることは意義があると思ったのと、一緒にボールを蹴った子どもたちのためにもがんばらなきゃいけないなってのがあるんです。在日の低学年の子が「将来僕は日本代表になる、長友選手みたいになる」って言って、ちょっと悲しかったんですよ。べつに悪いことじゃないです。長友選手は世界で活躍している素晴らしい選手じゃないですか。でも子どもたちの目標が自分たちと同じ存在の人たちに向いていない、その存在がいない、同じ在日のアイドル、ヒーローがいないってのがあって。そのためにも僕はがんばろうと思います」

誓《ちか》いを果たすように、ヨンハは2014年から3年間、横浜FCでのプレーを続けた。そして38歳になった2016年、契約満了とともについに引退を決意した。

◆心はひとつ

2017年8月5日、ヨンハの引退試合が、母校である東京都北区十条台の東京朝鮮中高級学校で行われた。スタンドにいた約500人の観衆は、在日同胞《どうほう》だけではない。横浜FCや、上越《じょうえつ》新幹線に乗って大挙して駆《か》けつけてきたアルビレックス新潟の日本人サポーターたちがいた。

引退試合のスローガンは「心はひとつ」。この理由をヨンハはこう語った。「国籍や民族や性や年齢を超《こ》えたいろんな方が僕を応援してくれたからここまでできたんです。その人たちと心をひとつにできたことへの感謝です」

会場に駆けつけていたアルビレックスのサポーター・後藤寛昭《ごとうひろあき》さんは、「ヨンハがアルビレックスに入団したのは、ちょうど北朝鮮政府が日本人の拉致《らち》を認めた2002年から。

ヨンハの引退試合。横断幕にはトゥギから受け継いだ「魂」の文字

そういう国家犯罪とは関係のない在日コリアンに対するヘイトが吹《ふ》き荒《あ》れた時代に新潟に彼がいたことで、多くの日本人が偏見を払拭《ふっしょく》することができた」と言う。「なぜなら、僕らがヨンハを知っているからです。そしてヨンハを入り口にいろんな在日の方と知り合った。僕なんてもともとサッカー自体に興味もなかった。でも彼のプレーを見て変わったんです」

泥臭《どろくさ》くタックルに行って倒《たお》れてもすぐに立ち上がり、献身的《けんしんてき》に走り出す。新潟のために戦うそのプレースタイルが、多くの人の胸を打った。

引退試合は東京朝高の現役サッカー部の全部員との30分×3本のゲーム。後輩《こうはい》に最後まであきらめることなく走りきることの大切さをピッチ上で伝えるヨンハに向かって、新潟サポーターが「イギョラ（勝て）、アン・ヨンハ」のチャントを歌って応援する。トゥギももちろん、メンバーに加わってプレーしており、背景を知る新潟サポーターは「トゥギコール」で応えた。

試合後には象徴的《しょうちょうてき》なセレモニーがあった。新潟の後援会が作製したヨンハの横断幕が、東京朝高のサッカー部に贈呈《ぞうてい》されたのだ。感謝のバトンである。

引退セレモニーはその後、釜山でも行われた。三つの国にサッカーで橋を架《か》け、三つの国の人々に愛されたヨンハは静かにスパイクを脱《ぬ》いだ。

第4章

ConIFA
W杯に出場できない人々の大会

◆ワールドカップに出場する条件

世界各地のサッカー協会の元締《もとじ》めであるFIFA(国際サッカー連盟)には、現在211のサッカー協会が加盟している。加盟を承認《しょうにん》する原則は「国際社会によって主権国家として認められており、国連に加盟している国のサッカー協会」となっている。

これには例外もある。国でなくとも「一定の自治が行われている地域」であれば加盟はできる。アジアでは台湾《たいわん》や香港《ホンコン》、パレスチナ、ヨーロッパではフェロー諸島、アメリカではヴァージン諸島などがそうである。とはいえこの例外に明確な定義はない。2015年にFIFAの理事が、W杯招致《しょうち》に絡《から》んで巨額《きょがく》の裏金を受け取っていたとしてスイスの司法当局に逮捕《たいほ》された。ＦＩＦＡに加盟ができれば、大きなお金が動く。サッカービジネスの肥大化によって、開催国《かいさいこく》になれば、あるいは会長選挙に勝てば、余りある見返りが入る。その腐敗《ふはい》の構造からみても、加盟承認には政治的な思惑《おもわく》や大きな利権が絡むといわれている。

独立したばかりの新興国にとっては、ＦＩＦＡ加盟は悲願でもある。一方で、世界には自分たちの固有の文化に誇《ほこ》りを持ち、一国家＝一民族という同化のシステムに入ることに与《くみ》しない少数民族や、迫害《はくがい》を受けて祖国を捨て異国のコミュニティで暮らす人たち、自分たちの領土を持たないけれどもルーツを守って生活している民族などが多く存在している。そのような民族や人種に帰属する人々もサッカーをプレーし、それぞれのサッカー協会を持っている。しかし、このＦＩＦＡの現在の原則では、すくいあげることは難しい。また加盟のために投入するような潤沢《じゅんたく》な予算もない。マイノリティである彼《かれ》らの多くは未来永《みらいえい》劫《ごう》、自分たちのアイデンティティを持つ代表チームをＦＩＦＡの国際大会に送《おく》りこむことはできない。

◆ＦＩＦＡに加盟できない人々のためのＷ杯

そんな人々にプレーする場所を提供しようと、２０１３年にスウェーデンでひとつの国際競技団体が創設された。それがConIFA（Confederation of Independent Football Associations）であった。ConIFAは現在ＦＩＦＡに加盟できない、あるいはしない地域や民族のサッカー協会をまとめあげる国際競技団体として機能している。

日本で最初にConIFAの存在を紹介した翻訳家の実川元子さんによれば、加盟したサッカー協会は、主に三つのタイプに分けられるという。

1．独立宣言をし、国際的には一部の国々に承認されている新しい国家であるが、独立をする前の国のサッカー協会の反対などで加盟が阻止《そし》されている国の代表。

たとえばアルメニア人が多数派を占《し》めて、１９９１年に旧ソ連のアゼルバイジャン共和国から独立宣言をしたナゴルノ・カラバフ共和国や、同じく旧ソ連のジョージアから独立を宣言したオセット人の南オセチア共和国・アラニア国、アブハズ人のアブハジア共和国などがこれにあてはまる。それぞれ、アゼルバイジャンとジョージアの強力な反対にあっている。

この三つの国は国家として認めてくれている国がほとんどなく、ＦＩＦＡには加盟できない。ナゴルノ・カラバフは人口14万7000人、南オセチアは5万2000人、アブハジアは24万2000人の小国であるが、サッカーは盛《さか》んである。

2．もといた国や地域から紛争《ふんそう》などによって世界各地に散らばったディアスポラ（国外居住者）のチーム。移住した先の国でも堅固《けんご》に自分たちの文化を守っている。

マレーシアに本部を置く、ロヒンギャサッカー協会がこれに当たる。ミャンマー西部のラカイン州に暮らすイスラム教徒（ロヒンギャ）はミャンマー政府による迫害を受け、国《こく》籍《せき》を剥奪《はくだつ》されて祖国を追われている。約97万人が隣国《りんごく》のバングラディシュの難民キャンプで生活しているが、帰国のメドは立っていない。日本でも群馬県館林《たてばやし》市に約200人のロヒンギャの人たちがいる。

そして、タミル・イーラム。スリランカの内戦でシンハラ人（仏教徒）に追われて各地に散った少数民族タミル人（ヒンドゥー教徒）のチームで、サッカー協会の本部はカナダに置かれている。世界中に約7700万人がいて、難民、移民となった人々の二世や三世が、祖先からの文化伝統を引《ひ》き継《つ》いでいる。

3．住んでいる国のそれとは異なる、自分たちのアイデンティティを国際的にアピールしたい人々のサッカー協会。

オクシタニアサッカー協会がそうだ。南フランスとスペイン北部とイタリアの一部を含《ふく》む地域でオック語を話す人々の協会で、画家のセザンヌや哲学者《てつがくしゃ》のモンテスキューもこのオクシタニアの出身であったという。オクシタニア地域に暮らす人々は約1400万人で、そのうち、現在もオック語を話す人は約600万人といわれている。

クルディスタンサッカー協会は、土地を持たない民族、クルド人のサッカー協会である。土地＝国家＝ホームを持たないので、FIFAへの加盟は未来永劫、不可能である。そんなところからもConIFAの理念に共鳴している。クルド人は世界に約3000万人がいて、日本でもトルコ政府の迫害を恐《おそ》れて逃《のが》れてきた人々が埼玉県の蕨《わらび》市や川口市にコミュニティを作っており、約2000人が居住している。イランとイラクの間にまたがるクルディスタン自治区に協会本部が置かれている。

◆サッカーの力を信じたサーミ人

ConIFAの第1回ワールドフットボール・カップは、これらを含む多士済々《たしさいさい》12のチームを、スウェーデン中部のサープミにあるエステルスンドに集めて2014年6月に開催された。

サープミは英語名の「ラップランド」として世界には流通しているが、少数先住民族のサーミ人たちはそれを自分たちの言葉ではないとして頑《がん》として拒否《きょひ》している。

ConIFAの会長はまさにこのサーミ人だった。その名をペール＝アンデルス・ブランドという。ブランドはノルウェーでサーミ人として生まれ、3歳《さい》で両親と共にスウェーデンに移住するのだが、そこで筆舌《ひつぜつ》に尽《つ》くしがたいひどい差別といじめにあったという。

「殴《なぐ》られたりツバを吐《は》かれたり服を破られたりする暴力はまだマシなほうで、目に見えない差別に苦しめられた。横道にそれていきそうな自分を救ってくれたのがサッカーと音楽だった」。学校へ行って暴力をふるわれなかった日はなかったという。孤立《こりつ》し社会を恨《うら》み、グレかけた瞬間《しゅんかん》が多々あった。

ブランドはそんな自分を救ってくれたサッカーの力を信じた。ピッチの上では人種も民族も宗教も超《こ》えることができる。実力さえあれば、どんなに抑圧《よくあつ》された民族でも誇りを保つことができる。やがてアイデンティティの素直《すなお》な発露《はつろ》として、スウェーデン代表ではなくサーミ人のチームを作ってのプレーを望んだ。

しかし、FIFAには限界があった。少数者や迫害されている人々は当然ながら経済的には困窮《こんきゅう》しており、政治力もない。未来永劫FIFAへの加盟は困難である。そこでブランドは非営利団体としてConIFAを立ち上げるに至ったのである。

2014年の第1回ワールドフットボール・カップは、運営も滞《とどこお》りなく行われ評価を高めた。とくにメディアへの露出は予想以上であった。ニューヨークタイムズ、ル・モンド、BBCなど67カ国から集まった報道関係者の関心は高く、大会の存在意義を世界中に発信した。

◆在日コリアンチームも参加した第2回大会

第2回大会は2016年、旧ソ連のアブハジア共和国で行われた。

この地域は、グルジア（現ジョージア）から独立宣言するも国際社会には認められず、孤立を余儀《よぎ》なくされていた。アブハジアにも当然ながらサッカー選手はいるが、ロシア、ニカラグア、ベネズエラ、ナウルの4カ国からしか国家承認がされていないためにFIFA加盟ができず、国内の選手は実質的にキャリアの道が閉《と》ざされていた。そこに陽《ひ》を当てたわけである。

そして、この第2回大会には、在日コリアンによって結成されたチーム、ユナイテッド・コリアンズ・イン・ジャパン（以下、UKJ）が東アジアから初出場を果たした。

この実現に尽力したのが、先にも登場した翻訳家の実川元子さんだ。在日コリアンの存在を知ったブランド会長は、ConIFAの理念が適用されるべき人々であることを理解し、加盟を認めたのである。先ほどのカテゴリーでいえば、3になるだろうか。日本で生まれ育ち、ルーツである祖国は北と南に分断されてしまっているが、アイデンティティはまぎれもなくコリア。在日コリアンは、いつも北（朝鮮《ちょうせん》）か南（韓国《かんこく》）かを迫《せま》られるが、日本でそれを統一する代表チームを作り、在日、ZAINICHIという不可視にされている

ConIFA 第2回大会にて。うしろに各代表の旗がなびいている

存在を世界に示すことは意義深いことではないか。ConIFAは大きな歓迎《かんげい》を表して迎《むか》え入《い》れた。

私はこの大会でUKJに帯同していた。そこで、かつてイラク代表でプレーしていたクルド人の選手に会った。「イラクではなく、クルド人としてプレーできる喜びは何ものにも代えがたい。自分の本当のアイデンティティの代表チームにようやく出会えた」と彼は語った。

ここが重要な点であるが、ConIFAはFIFAと対立しているわけではない。それゆえに、このワールドフットボール・カップとFIFA・W杯の両方の大会に出場する選手が出てきても不思議ではない。ConIFAはその目的を、「地球上の人々、国、マイノリティや僻地《へきち》まで、友情、文化とサッカーをする喜びの橋を架《か》けること」とし、「所属メンバーの発展のために尽力《じんりょく》し、フェアプレイと人種、宗教、性を含むすべての差別撤廃《てっぱい》を誓《ちか》う」と謳《うた》っている。ＦＩＦＡをリスペクトし、その共存も望んでいるわけである。

◆ふたたび走り出す

そして２０１８年1月。Ｊリーグの横浜《よこはま》ＦＣを退団し、引退を表明したヨンハがこのConIFAのために現役《げんえき》復帰を宣言して走り出した。5月末にサッカーの母国・ロンドンで開幕する第3回大会に向けてふたたびピッチに立つ準備を始めたのである。

ヨンハは当初、ConIFAからアンバサダーとしての就任依頼《いらい》を受けていた。日本で在日コリアンとして生まれ民族学校で育ち、Ｊリーガー、北朝鮮代表選手、さらには韓国Ｋリーグでもプレーの実績がある。新潟では日本人サポーターたちが今でもヨンハのイベントがあるたびに参集し、韓国・釜山《プサン》での引退セレモニーでは朝鮮半島の南北間の交流に貢献《こうけん》したとして感謝状も授与《じゅよ》されている。日本、北朝鮮、韓国をつないだ、まさにConIFAの理念を体現しているその生き方から白羽《しらは》の矢《や》が立ったのである。

ヨンハがアンバサダー就任を引き受けると、次は在日コリアンのチームとして大会に出場するＵＫＪのソン・チャノマネージャーから、監督兼《かんとくけん》選手としてのオファーが舞《ま》いこんだ。アンバサダーだけではなく、実際にプレイしないかというのである。こちらもまた在日サッカー選手のシンボルとして大きな期待がかけられた。

ヨンハがチームを率いる上で条件としたのは「在日で可能な限りの最強のチームを作る」というものだった。「サッカーをしにいくのですから、大会や相手チームに対して失礼のないようにベストを尽くしたい」

「友好」「交流」というキーワードが並ぶConIFAの大会で、だからこそ全力でプレーをし、世界に向けて在日の存在をアピールする。普段《ふだん》は温和なヨンハであるが、こういうときに表情は変わる。監督を引き受けると同時に、自ら選手の選考と招集を担《にな》った。

◆在日としての誇りを持っているか？

ヨンハは、独自にリサーチした人脈に基《もと》づいて、国内外のチームから選手を選んだ。オファーするにあたり直接出した条件は二つだけ。「在日としての誇りを持っているか？」「魂《たましい》を持って闘《たたか》えるか？」

その呼びかけに対してNOという者は一人もいなかった。そろそろ現役を引退しようかと悩《なや》んでいた選手も、そういう大会ならぜひと、モチベーションを上げてきた。

それぞれ朝鮮籍、韓国籍、日本籍と持つパスポートは異なっても、オール在日代表チームの旗の下《もと》に続々と選手は集まってきた。香港《ホンコン》リーグでプレーするソン・ミンチョル、クロアチアにいたリ・トンジュンなど海外組が4人。さらには元Jリーガーのキム・ヨンギ（元湘南《しょうなん》ベルマーレGK）、前回大会で監督を務めたユン・ソンイも再びスパイクを履《は》くことになった。

中でもヨンハが全幅《ぜんぷく》の信頼《しんらい》を置いてキャプテンに指名したのが、ソン・ミンチョルだった。

◆京都朝鮮高校から世界へ

ミンチョルは、2003年に京都朝鮮高校が初めて高校選手権の全国大会に出場したときに、2年生ながら先発の座を確保していたメンバーである。当時の京都朝高は監督のキム・ヨンジュとコーチのクォン・チュンイの方針で、世代ごとの強化が図《はか》られており、まず徹底的《てっていてき》にフィジカルを鍛《きた》えられた。素走りのトレーニングメニューは必須《ひっす》で、西京区の松尾大社《まつのおたいしゃ》にある学校から左京区の大文字山までの往復を繰《く》り返《かえ》した。

厳しい練習は実を結び、3学年男女合わせて全校生徒が300人に満たない学校でサッカー部員の数も28人と、強豪校《きょうごうこう》に比べれば圧倒的《あっとうてき》に少ないなか、予選をノーシードから勝ち進んだ。ミンチョルは準決勝の城陽戦でゴールを決めて、ファイナル進出へ貢献する。決勝は桂《かつら》高校で、1－1で延長に入り、後半も終了間際《しゅうりょうまぎわ》というところでキム・イルのゴールが決まり、劇的な全国大会出場を決めた。この快挙に当時、京都朝鮮総連のクム・ギト国際部長は「普通の学校の普通の生徒が、努力で全国への切符《きっぷ》をつかんだ。それだけのことですよ。同胞《どうほう》に希望をもたらしたのはもちろんですが、全国の無名校すべてに、希望をもたらしたと思っています」と専門誌にコメントしている。

ミンチョルはこの頃《ころ》から、サッカーでプロになることを意識しはじめていた。高校卒業時は日本の大学への進学を視野に入れていたが、朝鮮大学校に進むことを決意する。きっかけは同期のメンバーがほぼ全員朝大に行くということ、そして2学年上のチョン・テセ（のちに清水《しみず》エスパルス）の存在だった。日体大との試合を観《み》に行ったミンチョルの目の前で、テセは劣勢《れっせい》のなかで目の覚めるようなオーバーヘッドキックを決めていたのである。「この人と一緒《いっしょ》にサッカーをして成長したい」と考えて進学を決めた。

卒業後は、FC琉球《りゅうきゅう》、FCコリアを経て、インドIリーグのシロン・ラジョンFCに単身渡《わた》って海外でのキャリアをスタートさせる。

就労のビザが下りてから2週間後が開幕戦で、相手はリーグ優勝3回を誇る強豪モフン・バガンだった。ここで対峙《たいじ》したのが、ナイジェリア人とオーストラリア人の二人のストライカーだった。パワフルなフォワードであったが、マンマークでついて完封《かんぷう》し、試合も下馬評をひっくり返し、2－0で勝利した。この活躍《かつやく》でメディアの注目を浴びた。あいつは誰《だれ》だ？　どんな奴だ？　在日コリアンとは何か？　その存在を記者に話すことで、ミンチョルは自らの属性をアピールすることができた。

これがターニングポイントになった。チームに不可欠な選手として、試合に出つづけ、日本にいては到底《とうてい》できないような経験もサッカーを通じて重ねていく。ヒマラヤ山脈に連なり、古くはチベット王家が統治したシッキム州にあるユナイテッド・シッキムとの一戦では、標高1700mにあるスタジアムでプレーをした。飛行機の窓から眺めたヒマラヤの荘厳《そうごん》な眺めは神々《こうごう》しささえ感じられた。チームにはそのシッキムから来ていたチベット人の選手もいて、ダライ・ラマ法王の訪問を受けることもあった。

シロン・ラジョンでプレーした3年間は、ミンチョルに大きな経験と自信をもたらした。

「すごくポジティブになれました。日本とのギャップ、それは食文化や人やお金に対する価値観のちがいをすごく感じました。それから貧富《ひんぷ》の差。それらに直面するなかで、こんなに広い世界があるんだと、人生に前向きになれました。海外に住むことで、日本に対しても朝鮮や韓国に対しても、第三者的に、客観的に見られるようになりましたね」

２０１５年にムンバイに移籍。それからタイリーグを経て、香港でプレーを続けていた。ConIFAの大会の存在を知ると即座《そくざ》に出場を決断した。

ヨンハは、ミンチョルをキャプテンに指名した理由を「インド、タイ、香港でプレーしてきたミンチョルなら、国際大会でも動じないだろうと。彼はコミュニケーション能力も高いので、まとめる力もある」と説明した。

◆監督、広報、ホペイロ、デザインまで

今回、ヨンハは選手、監督だけではなく、プロデューサー的な役回りを兼務していた。ＵＫＪのスポンサーになってくれる企業《きぎょう》への営業、自らが声を発信しての広報、ユニフォームやジャージ管理のホペイロ、さらにはエンブレムのデザイン監修まで行っている。

デザイナーのホ・サンホと打ち合わせを繰り返し、3度の試作で完成したのが、朝鮮民族の象徴《しょうちょう》である虎《とら》に翼《つばさ》を与《あた》え、造形を38度線のない朝鮮半島に類似《るいじ》させたもの。まさに「虎に翼」である。虎の足元のボールは済州島《チェジュ》を表している。ヨンハらしいのは、在日と

して、そこに日本の要素も入れたいと考えたことである。思考の末、エンブレムの枠《わく》の色を鮮《あざ》やかなジャパンブルーにしている。

「デザイナーのホさんは洗練されたものを考えておられましたが、僕《ぼく》は在日を象徴するにあたって力強さ、無骨さを表したかったんです。日本の要素はやはり、自分を育ててもらったJリーグや日本人のサポーターの方に対する感謝の気持ちもあって、ぜひ入れたかった」

ヨンハは続けてこう言った。

「僕はどこの国のチームに行っても応援《おうえん》してもらいました。その意味ではすべてがホームともいえます。その上で、今回は在日という一番身近なアイデンティティを前面に出して闘えることが嬉《うれ》しいです。在日の存在を、サッカーの生まれた国で世界に向かって知らせたい。今まで知らなかったけど、日本から来たこいつらはこんなプレーをするんだと。在日の重みは誰よりもわかっているつもりですから」

◆闘う以上、優勝を目指す

帯同するトレーナーも在日である。ヨンハは朝鮮籍ゆえにイギリスビザの取得は困難で、サッカーに集中する以前に煩雑《はんざつ》な手続きが横たわる。それでも信頼するスタッフとともに粛々《しゅくしゅく》と書類を揃《そろ》えながら、復帰のためのトレーニングを重ねていった。

闘う以上、優勝を目指すことを公言した。

プロ選手になること、W杯に出場すること。日本で在日コリアンとして生まれると、日本人と同じサッカー選手でありながら、それらがあまりに狭《せま》き門として登場する。それでも、そのすべてをたゆまぬ努力で成しえてきたヨンハが唯一《ゆいいつ》実現できなかったヨーロッパでのプレーという夢が、今かなおうとしていた。

第5章

在日サッカー代表、ロンドンへ行く

◆いざ、ロンドンへ

２０１８年のConIFA第３回大会は、サッカーの母国イギリスで行われた。主催《しゅさい》するのはブラバサッカー協会。アフリカのソマリア南部を出自とするブラバ民族の人々は、イギリスにコミュニティを持っている。

先の章で紹介《しょうかい》したタミル・イーラム、その他に北キプロス（キプロス北部にある、トルコ人が実効支配しているとして国際的に未承認《みしょうにん》の国家）、チベット（中国から亡命して欧州《おうしゅう》でコミュニティを形成するチベット人のチーム）、パンジャブ（インドとパキスタンにまたがるパンジャブ地方の民族）、西アルメニア（オスマントルコによって迫害《はくがい》された歴史を持つアナトリアのアルメニア人の末裔《まつえい》）、カビリア（アルジェリア政府から迫害を受ける同国北部のベルベル人のチーム）など、複雑な背景を背負いながらもサッカーに希望を見出《みいだ》している多彩《たさい》な16チームが参加することとなっていた。彼《かれ》らがどんなサッカーをするのか、興味は尽《つ》きない。私は第2回大会に続いて、早々にUKJに同行しての取材を決めていた。

◆アンセムを聴《き》いて旗を掲《かか》げ、あとはサッカーをやるだけだ！

5月30日、ロンドンでの前夜祭ならぬ前夜記者会見には300名を超《こ》えるプレスが世界中から駆《か》けつけて、盛況《せいきょう》を博した。

なかでもひときわ注目を集めていたのが、チベット代表チームであった。

中国政府が出国を許さないので、チベット自治区からの参加選手はいなかったが、インドに亡命していたチベット人の二世や三世が多く参加し、またヨーロッパからも大会の存在を知って出場を申し出てきた選手がいた。

ディフェンダーのバハラはインドのアマチュアチームの選手であるが、仕事を休んで馳《は》せ参じてきた。彼は顔を紅潮させてこう言った。「この大会に出ることは大きな夢だったんだ。チベットのアンセムを歌い、エンブレムを掲げられることが何よりも嬉《うれ》しいよ」

自分たちの存在を世界に知って欲《ほ》しいという思いは大きい。フォワードのバキレもまたチベット同胞《どうほう》と同じユニフォームに袖《そで》を通すことの喜びを語った。「自分が何者であるかをサッカーを通じて確認できる大切な機会がここにはあった。全力でプレーをしたい」

彼らが自分たちのシンボルのエッセンスを落《お》としこんだエンブレムは、青と赤の円に、自由に羽ばたく白い鳥があしらってある。ジャージにはチベットの旗である雪山獅子旗《せつざんしき》をモチーフにしたであろう獅子の画《え》が右腹のあたりに描《か》かれている。

しかし、ConIFAは政治的な活動を止めているので「フリーチベット」のような文言のアピールはしない。「試合前にアンセムを聴いて、旗を掲げて、でもそこまで。あとはサッカーを全力でやるだけだ！」。チベットの選手もそれを理解したうえで、芝生《しばふ》の上で自分たちを表現する。

中国政府への批判を引き出そうとする記者たちの質問にも対応するが、これはサッカーの大会なのだからと強調していた。

見えない存在にされていた人々が、一気に可視化される。同じ宿泊施設《しゅくはくしせつ》なので、参加チームの選手同士の交流も生まれる。それがまたそれぞれに有意義であった。

チベット代表を先頭に入場した開会式では、UKJは統一旗を前に「ワンコリア」をチーム全員で叫《さけ》んだ。試合前に流すアンセムには朝鮮民謡のアリランを選んだ。遠い東アジアからの出場チームに、在英メディアも高い関心を持って取材していた。

◆初戦、西アルメニア

5月31日、UKJの初戦の相手はトルコ北東部のアルメニア人のチーム、西アルメニアであった。

17世紀にアルメニア王国は国家を失い、東部アルメニアはロシア帝国《ていこく》、西アルメニアはオスマントルコに分割統治《ぶんかつとうち》された。オスマントルコ帝国下で、19世紀末から20世紀初頭にかけてキリスト教徒であるアルメニア人は大量虐殺《たいりょうぎゃくさつ》され、その数は１００万人を超えるといわれている。

現在、コーカサス地方にアルメニア人が主に住むアルメニアという国が存在するが、トルコとの国交はなく、人口は約２９０万人。対して国外では約７６０万人がディアスポラとなっている。

西アルメニア人はトルコに在住するアルメニア人の末裔であり、アルメニア語を話し、アルメニア教会に通う。しかしトルコ政府はそのアイデンティティにきわめて冷淡《れいたん》で、アルメニア人らは現在も首都イスタンブールでのヘイトスピーチに苦しめられている。

ConIFAには、閉じこめられていた民族性を一気に解放してくれる魔力《まりょく》がある。選手たちのモチベーションは当然高い。西アルメニア代表チームは高さがあり、そして巧《うま》かった。序盤《じょばん》、ＵＫＪはアジリティの効いた攻撃《こうげき》でゴールに迫《せま》ったが、徐々《じょじょ》に跳《は》ね返《かえ》されると押《お》しこまれ、一進一退の攻防が続いた。ボールを支配はするが、フィニッシュまで持っていけない。背番号17のヨンハは上下動を繰《く》り返《かえ》して、コーチングに声をからす。現役《げんえき》引退後、約2年ぶりの公式戦であるにもかかわらず、衰《おとろ》えは見えない。前半を0対0で折り返した。

ハーフタイム、17番は監督《かんとく》として、相手がサイドバックとサイドハーフのギャップを狙《ねら》っていることを指摘《してき》し、マークの受《う》け渡《わた》しに注意することを伝えた。サイドの変わった後半もまた同様の展開であった。互《たが》いに決め手を欠いて膠着《こうちゃく》が続く。しかし、これが監督の狙いでもあった。トーナメントにとって大事な初戦はどうしても動きが硬《かた》くなる。ましてや年が明けてから招集した選手たちとは、一緒《いっしょ》にトレーニングを積む時間もなく、お互いの特徴《とくちょう》も摑《つか》みかねていた。そんななかではまず守備の構築から入り、チームのベースを作っていくことが先決であった。ヨンハは65分でベンチに下がり、ヘッドコーチのユン・ソンイとともに采配《さいはい》に専念した。

たびたびゴールを脅《おびや》かされるも、身体《からだ》を張ったディフェンダーのブロックと湘南《しょうなん》ベルマーレで活躍《かつやく》していたキム・ヨンギのファインセーブで守《まも》り抜《ぬ》いた。ヨンギもまたConIFAに向けて久々の2年ぶりの現役復帰であったが、ブランクを感じさせない動きを見せつづけた。やがて、スコアレスドローを告げる終了《しゅうりょう》のホイッスルが鳴った。目の肥えたロンドンの市民からは「驚《おどろ》くほどレベルの高い試合だった」という投稿《とうこう》がツイッター（当時）でなされた。

試合後、ヨンハは現役復帰した選手としてこんな感想を漏《も》らした。

「ピッチ上での視野が多少狭《せま》くなっていましたね。もう少しボールも持てたと思うんです。

でも思っていたよりもできました。西アルメニアは想像以上に強かったです。ヨーロッパのチームらしく球際《たまぎわ》も激しく来ていて、タフな試合でした」

続いて監督として試合をこう総括《そうかつ》した。

「初戦は抑《おさ》えて手堅《てがた》くいこうと思っていました。大会初日のここからが実質的にチームのスタートなんで、上手《うま》くいかなくて当たり前。かといって、絶対に初戦は落としたくない。先発はだから、経験の豊かなベテランを並べました」

W杯とConIFAの両方に出場しているヨンハには、サッカーの母国の記者たちからのインタビュー依頼《いらい》が引きも切らない。英国国営放送BBC、サッカー専門誌Four Four Twoなどのレポーターを前にその都度、ヨンハは答える。

「たしかにW杯に比べて、ConIFAはレベルや規模では差がありますが、僕《ぼく》にとっては意義は同じくらい大切だと思っています。ConIFAの大会に来て本当によかったです。世界にはいろんな民族がいるんですね。我々のような境遇《きょうぐう》の人もいるし、もっと厳しい状況《じょうきょう》のなかで自分たちの文化を守っている人もいる。

サッカーでいえば、さすがロンドンで、開会式前のチャリティマッチも真剣《しんけん》そのものでした。笑ってプレーしている選手が一人もいない。本当に今、やりがいがありますね」

◆第2試合、カビリア戦

2年前に第2回ConIFAワールドフットボール・カップが行われたアブハジアでは、各参加チームの旗がメインスタジアムに翻《ひるがえ》った。クルドは多色旗、タミル・イーラムはスリランカからの分離《ぶんり》独立を戦っていた「解放のトラ」をモチーフにした猛虎《もうこ》のデザイン、北キプロスはアイデンティティに近いトルコ国旗の赤白を反転させた三日月と星というように、それぞれを象徴する旗を掲げた。在日コリアン代表のチーム、UKJのそれは38度線のない朝鮮《ちょうせん》半島の統一旗であった。今回の第3回大会も開会式会場には、参加16チームのシンボルフラッグが翻る予定であった。それが、きゅうきょ取りやめになった。理由は初出場のカビリア代表を取り巻く環境《かんきょう》にあった。

カビリアはアルジェリアの北東部の山岳《さんがく》地域のことを指す。ここには多数派のアラブ人とは異なる文化を保ち、固有のタマジグト語を話すベルベル人という民族が古くから暮らしていた。ベルベル人はアラビア語を公用語とするアルジェリア政府の同化政策に抗《あらが》って、自由化運動を繰り広げている。これに対するアルジェリア政府の弾圧《だんあつ》はすさまじく、治安部隊などによる逮捕《たいほ》や虐殺が2000年代から続いていた。2001年4月には拘置中《こうちちゅう》だった10代の青年マッシニッサ・ゲルムーがアルジェリア警察に射殺されている。ベルベル人、すなわちカビリア人は独自の旗を持っているが、これをアルジェリア国内で掲げることは非合法となっている。今回、カビリア代表がConIFAに出場することを宣言すると、開催地ロンドンへの出国を前に警官が選手たちに何度も任意同行を求め、詰問《きつもん》を繰り返したという。「お前たちはベルベルの旗を出しに行くのか?」。こういった事態に配慮《はいりょ》して、ConIFAの事務局は、開会式には会場には旗を掲げず、選手入場時の行進に使用することのみに留《とど》めたというわけである。

このカビリア代表が、UKJの第2試合の相手だった。

厳しい政治情勢のなかで登場してきたカビリア代表であるが、それゆえに注目度は高く、試合会場のラージスレーンスタジアムには在外の同胞たちがサポーターとして大挙して押しかけてきた。アルジェリアから逃《のが》れ、ディアスポラとなり、国外で暮らすカビリア人たちである。イギリスはもちろん、ドイツ、フランス、遠くはカナダのコミュニティから駆けつけた家族もいた。もちろん、手には抱《かか》えきれないほどの旗をたくさん持って。

フランクフルトからロンドンまで応援《おうえん》に来たというマフィームは、当時66歳《さい》。1978年から祖国を離《はな》れているが、ConIFAへの出場を聞きつけてドーバー海峡《かいきょう》を渡ってきた。

「カビリアの民《たみ》、ベルベル人の存在を世界に知らせるこんな機会を待っていた。アルジェリア政府からの迫害がいかにひどいか、知っているか？　フランスから独立するために我々の祖先がアルジェリアのためにどれだけ血を流したのか、当のアルジェリア人たちは忘れてしまっている」

アルジェリアがフランスの植民地からの解放を求めて1954年に蜂起《ほうき》した独立戦争において、カビリア人は主要な戦力として活躍していた。ところが、解放後、現在はそのアルジェリアの植民地にされてしまっているという。「カビリア人はアルジェリア独立のために戦った。その代償《だいしょう》が何であったか。支配者が変わったにすぎないではないか」。だから皮肉なことに、かつての宗主国《そうしゅこく》フランスに亡命するカビリア人も多い。

マルセイユから二人の子どもを連れて応援に来たアレックスは、ベルベル人の旗について説明してくれた。「下地の青は海、黄色は太陽を表す。そしてその上にあしらわれているのが、平和を表すオリーブの葉だ」

マルセイユといえば、ジダン。ふと思い立ってアレックスに聞いてみた。「ジダンはマルセイユ出身の英雄《えいゆう》だけれど、アルジェリア人ということで素直《すなお》に応援はできなかった？」とたんにアレックスの顔がほころんだ。「何を言っているんだ。ジダンこそカビリア人だ。俺《おれ》らの誇《ほこ》りだよ」。うかつだった。ジダンはアルジェリア系フランス人という認識はあったが、ヨーロッパの重層的な民族構造にまで頭が回らなかった。「カビリア出身の偉《い》大《だい》なフランス代表選手はあと二人いる」と言われて調べてみると、カリム・ベンゼマ（元レアル・マドリード）とサミル・ナスリ（元マンチェスター・シティ）がそうであった。チャンピオンズリーグでゴールを決めたストライカーを3人も輩出《はいしゅつ》しているとは、カビリア人恐《おそ》るべし。

残念ながら、今回のConIFAの大会においては、アルジェリア国内からの選手招集が困難になってしまったために、在外のアマチュア選手が中心となり、寄せ集め感は否《いな》めなかった。グループリーグの結果もD組で最下位。日本人の妻を持つイズヒルは悔《くや》しさを隠《かく》さずに言った。「アルジェリアにモブベヤヤというカビリア人のクラブがある。そこから選手を呼べたらよかったのだが。次回大会には雪辱《せつじょく》を晴らしたい」

カビリアがConIFAに向けて最強チームを構成できるか否か。それはアルジェリアの民主化のひとつの尺度といえるだろう。

さて、ジダンとベンゼマを生んだカビリアとUKJとの試合は快晴のもと、キックオフした。初戦の西アルメニアとのゲームは堅く入って、ドロー。これはある意味で織りこみ

カビリア戦に出場したヨンハ（写真：Kyo Aihiro）

済みであったが、2試合目のこの一戦は、決勝トーナメントに進出するためにも結果を出しておきたいところであった。

先述したようにカビリアはアルジェリア国内からの招集ができなかったので、チームのレベルはけっして高くはなかった。きゅうきょ集められた中には、トラップもできないような選手もいた。先にＵＫＪが得点を決めるのは、時間の問題かと思われた。しかし、気持ちが技術を凌駕《りょうが》するのもサッカー。カビリアはときにＵＫＪの選手が大ケガに至りそうな危険なファウルを犯《おか》しながら、身体を張ってゴールを死守した。個々のスキルでは格段の差があるのは一目瞭然《いちもくりょうぜん》であったが、ずるずると時間が過ぎ、ついには０対０で試合は終了した。

2試合が終わって2引き分けだが、ヨンハはこのスコアレスドローに納得《なっとく》がいっていなかった。「カビリアの気持ちの強さに押しこまれた感じがありました。僕は、在日コリアン代表がそこで負けたらダメじゃないかという思いでいたんです。危険なファールとかもちろんありましたけど、それさえも跳ね返すぐらいの気持ちでやってほしかったですね。結果はさておき、戦いぶりに満足できなかったです」

魂《たましい》を見せろ!

ヨンハは気持ちで負けたことが悔しくて仕方がなかった。ConIFAに出場するチームはどこもハングリーである。たとえ大勝したとしても、その魂を見せるべき大会でそれを見せられなかったらだめなのだ。このままではいけない。

次戦は、グループリーグでもっとも強い相手、前回大会の準優勝国であるパンジャブだった。今回も好調で、カビリア相手に8ゴールを叩《たた》きこんでいた。今回も優勝候補だが、おめおめと引き下がるわけにはいかない。

監督ヨンハはチームに活を入れ直した。これが効いた。

3試合目、UKJは猛威《もうい》を振《ふ》るったパンジャブの攻撃陣《こうげきじん》をPKによる1失点に抑えこんだ。パンジャブの9番アマルは前回のアブハジア大会の得点王であるが、これも封《ふう》じこみ、流れから崩《くず》された失点は0。対してUKJはエリア外からのミドルシュートが決まった。試合は1対1で終了。それまでの試合ぶりからUKJの大敗を予想する記者もいたが、カビリア戦とは打って変わって逆境に強いところを見せつけた。

ヨンハはこの試合、出場を若い選手に譲《ゆず》ってベンチで采配に専念していたが、ファインゴールが決まった瞬間《しゅんかん》に、喜びすぎてグラウンドに飛び出してしまった。

「レベルの高い相手にしっかりとオーガナイズして、先制されても同点ゴール。結果は引き分けでしたけど、やっぱ嬉しかったですね。これぞ在日。これが在日代表だっていう戦いぶりだったんで、熱くなりました」

自身は試合に出なかったが、選手たちが魂を見せてくれたことを喜んだ。3試合で3引き分け。トータルの勝ち点は3。無敗であったが、惜《お》しくも1点差で決勝トーナメント突《とっ》破《ぱ》はならず、プレースメントマッチに進むことになった。

◆UKJの堅い守りが光る

大会が進むなかで、UKJの堅い守りが対戦チームや関係者の間で称賛《しょうさん》を集めていた。

目利《めき》きであるロンドンの観衆はサッカーの内容について必ず言及《げんきゅう》してくる。「UKJの6番はいいじゃないか」と、私もよく声をかけられた。それは最終ラインを統率《とうそつ》するキャプテンのソン・ミンチョルの背番号である。6月5日の4試合目のツバル（南太平洋ポリネシアの英国連邦《れんぽう》加盟国）も5対0で完封。ますます評価は高まった。実際、ミンチョルが仕切る4バックのラインはつねに高いポジションを保ち、相手に付け入る隙《すき》を与《あた》えなかった。カビリア戦では、5つのオフサイドを奪《うば》って記者たちから喝采《かっさい》を浴びていた。上下動を繰り返し、決して慌《あわ》てずに、むしろ飄々《ひょうひょう》とした佇《たたず》まいからさっと右手を上げると、それを待っていたかのようにオフサイドフラッグが上がり、ホイッスルが鳴らされる。

堅い守りにはゴールキーパーのキム・ヨンギの存在も大きかった。神戸《こうべ》朝高から桃山学院《ももやまがくいん》大学を経て湘南ベルマーレに入団したヨンギは、経験が求められるポジションにおいて、1年目からレギュラーとして活躍。ベルマーレサポーターに愛された。「僕にとっても湘南というクラブでの時間は貴重でした」というヨンギは、6年間このチームに在籍《ざいせき》し、その後も大分トリニータ、アビスパ福岡、長野パルセイロと渡り歩いた。10年をプロとして過ごした経験を、最後尾《さいこうび》からのコーチングで伝えている。

ヨンギはカルペソール湘南で指導の道に入っていたが、ConIFAのために現役に一時復帰した。パンジャブ戦では、開始早々に取られたPKを見事に止めており、早い時間の失点で瓦解《がかい》しかねなかったチームの危機を救っている。

ミンチョルとヨンギ、高校が京都と神戸でそれぞれ互いの存在は知っていたが、同じチームで戦うのは初めてであった。それでもマークの受け渡しなど、呼吸のあったところを見せているのは、つねに声を出しつづけているコミュニケーション能力の高さ、プロとしての矜持《きょうじ》であろう。ミンチョルは流暢《りゅうちょう》な英語でイギリス人記者に「アリランは我々にとって特別な曲です」とアンセムの由来を説明し、円陣ではつねに在日の代表としての鼓舞《こぶ》を図《はか》る。ヨンギは試合の流れを読んでのコーチングでピッチに安定をもたらしていた。

◆最終試合、チベット戦

在日コリアンが日本社会で何度も耳にさせられたであろう、「在日でも出場できる」ではなく、「在日だから出場できる」ConIFA。6月9日、アリランが流れる最後の試合、UKJの最終試合は、チベットとの一戦だった。くしくもミンチョルが最初に海外でプレーした国、インドで活躍する選手が多いチームである。そこで意外な再会があった。

「インドに行って何が面白《おもしろ》かったって、あの国は言語が200個以上あるんですよ。で、僕が最初に所属したクラブ、シロンのある地域はノースイーストといって、インドの中でも、差別されていた地域なんです。顔つきがインド系でなくて、チベット系、中華《ちゅうか》系でチンキーとかいって馬鹿《ばか》にされてるんです。だから、逆にサッカーにおいてはノースイーストのプライドを持ってる選手たちがすごく多くて。シロンはクラブオーナーのフィロソフィー（哲学）で、キーパー以外はノースイーストの選手しかとらないんです。震《ふる》えました。あ、そうなんやって。道理で全員なんか顔が、似てるなって思ったんですよ」

最終戦、対戦相手のチベットには、シロンのユース出身の選手がいて、ミンチョルのことを覚えていた。「まさかロンドンでまた会えるとは。僕のサッカー人生は、シロンに最初に行って、終わりがチベットっていうのも、すごい縁《えん》やなとあらためて思いましたね」

試合は1対1でドローで終わるもPK戦で勝利した。最終成績は2勝1敗3分け。16チーム中11位であった。

◆決勝戦、北キプロス対カルパタリヤ

ConIFAワールドフットボール・カップのファイナルに駒《こま》を進めたのは北キプロスとカルパタリヤだった。北キプロスは、その名のとおりキプロス島北部の未承認国家。元々キ

プロスはイギリス植民地時代から、ギリシア系とトルコ系の両民族が暮らす多民族の島であったが、独立後の1974年にギリシア軍の後押しを受けたギリシア系住民部隊が、本国との合併《がっぺい》を狙ってクーデターを起こした。これに対して今度はトルコ本国の軍隊が、トルコ系住民の保護を名目にキプロスに派兵し、北部を占領《せんりょう》。トルコの実効支配は続き、ついには1983年に北キプロス・トルコ共和国としてキプロスからの独立を宣言した。しかしながら、この北キプロスを国家として承認しているのは、いまだにトルコのみである。

対するカルパタリヤはウクライナ西部に暮らすマジャール（ハンガリー）人の代表チーム。ハンガリー王国、チェコスロバキアとこの地域の統治者が変わりながらも、現在はウクライナの中で自らの文化を守っている。北キプロスもカルパタリヤも選手旗に色濃《いろこ》くそのアイデンティティが反映されている。北キプロスの旗はトルコ国旗の赤と白を反転させたデザインで、カルパタリヤのそれは、赤白緑のハンガリー三色国旗をモチーフにしている。

じつはこの2チームは同じグループリーグBに所属しており、その意味ではBは「死の組」ともいえた。前回優勝で連覇《れんぱ》を狙ったアブハジアが、割を食う形でここを突破できなかったのである。

試合が始まった。力強く長いボールでゴールに迫る北キプロスと、丁寧《ていねい》につないで攻撃を組み立てるカルパタリヤは、スタイルにおいては対照的なチームであった。この2チームはグループリーグでも対戦しており、そのときは1対1のドロー。実力が拮抗《きっこう》している上に、どちらもフィニッシュに向けてのリスクを冒《おか》さない。膠着が続いて90分ではスコアレス、PK戦に持ちこまれた。決勝がPK戦というのは、第1回から3大会連続である。結果にこだわるのはどの国際大会も同様といえよう。カルパタリヤは初出場なので経験不足が心配されたが、予想をポジティブに裏切って、この蹴《け》り合《あ》いを制した。

喜びを爆発《ばくはつ》させるとはこのことだろう。最後の5人目をセーブしたゴールキーパーは半裸になってピッチ上を走り回り、それに追いついたフィールドの選手たちは、次々に覆《おお》いかぶさって巨大《きょだい》な人間カマクラができあがった。そしてこんなチャントが唄《うた》われた。「俺たちはカルパタリヤ人、ウクライナで暮らす誇り高きハンガリー人」

◆全員が表彰台《ひょうしょうだい》に上がる

決勝戦の余韻《よいん》が冷めやらぬなか、やがてスタジアムは閉会式へと移行していく。ConIFAの特徴は、すべてのチームを表彰台に上げることである。「各チームはそれぞれに複雑な背景を背負いながら、サッカーで世界に橋を架《か》けるためにこの大会に出場している。それ自体が全員称賛されるべきこと」とブランド会長はその理由を語っている。

2年前のアブハジア大会では、未承認国家アブハジア政府による、ここぞとばかりに存在と威信をかけた派手な演出と、アトラクションが行われた。しかし、今回はPADDY POWERというサッカーくじのスポンサーがついたものの、国がかりの前回とはちがって低予算のきわめてシンプルな進行である。それでも、10日間で6試合という激闘《げきとう》を終えて、この場に参集する選手たちの熱量は2年前に比べて減っているものではなかった。それどころか、自分たちの創意工夫《そういくふう》で授賞式を盛り上げた。全16チームの下位からの登壇《とうだん》であったが、各チームはそれぞれの個性をアピールしたのだ。

13位、ジンバブエの西部から参加したマタベレランドは、見事なハーモニーのアカペラと踊《おど》りで登場し、周囲を一気にアフリカンダンスの世界に巻きこんだ。この黄色いジャージの集団は屈託《くったく》がなく、つねにフレンドリーで人気を集めていた。彼らのあいさつ「シャー」が宿舎では流行《はや》っていた。12位のチベットは、ダライラマ13世が制定した民族の象徴・雪山獅子旗を天空に向けて掲げて喝采を浴びた。チベットに対しては「よくぞ、出場してくれた！」というリスペクトの声が、全体を包んだ。

◆橋はまた架かった

そして11位の在日コリアン代表チームUKJはプレーイングマネージャーのアン・ヨンハ、キャプテン、ソン・ミンチョルを先頭に記念メダルを首にかけると、全員で「ウリエ ソウォヌン トンイル（私たちの願いは統一）」を歌った。サッカーの母国イギリスで、彼らはこの日、北と南が一つになった在日コリアン代表チームとして統一旗を掲げ、38度線のない朝鮮半島の本来の姿を願い、歌ったのである。この授賞式で歌った「ウリエ ソウォヌン トンイル」は、まさに思いを伝える上でぴったりの歌であった。

UKJがつないだのは北と南だけではない。ヨンハの提案で、朝鮮半島を囲むラインにジャパンブルーをあしらったエンブレムの意図が通じたのか、6月9日のUKJの順位決定戦には日本人の応援団がやってきて、スタンドから大きな声援を送った。統率したロンドン在住のタルビさちこさんはパートナーがカビリア人で、カビリア対UKJを観戦した夫から話を聞いて、サポーターになることを決意した。さちこさんはこんなことを語った。

「最初は、日本人の私がUKJの応援に行ってもいいのかと思って躊躇《ちゅうちょ》していたんです。日本人は喜ばれないんじゃないかって。でも夫のイディアが在日コリアンを日本語で応援したら喜んでたよーって話してくれて、ヨーロッパの他の民族に比べて応援が少ないし、絶対に喜ぶから行ったほうがいいと勧《すす》められました。それじゃあ私が頑張《がんば》らないとっ！私のオーガナイズしてる日本語プレイグループに伝えました。参加できなかった日本人のお母さんからも、私のぶんも応援してきてーってエールをたくさんもらいました」

さんざん熟考した末に、応援には八咫烏《やたがらす》の日本代表のユニフォームを着ていくことにした。子どもにもロンドン五輪のときに使った応援グッズを持たせた。

「私は日本人だから、日本人として在日コリアンを応援しようと思いました。今は自国に住んでいない外国人という点では一緒で、アンさんの記事などを見て共感する点がたくさんありました。私は海外で生まれ育っても、自分のアイデンティティをしっかり持ち、それを誇りに思える選手たちをうらやましく思いました。私の子どもたちにも、同じように思えるようにしっかり教えていかなければと教わったように思います。彼らの思いをもっとたくさんの人に知ってもらって、在日コリアンサポーターとして北朝鮮、韓国《かんこく》、日本が一緒に応援できる日が来ると、世界がサッカーから変わっていくかもしれないですね」

さちこさんたちの声は選手に届き、PK戦にもつれこんだチベットとの11位12位決定戦は、ゴールキーパーのリム・ヒョグン（関西学院大学）が重圧のなかで2本止めて勝利を手繰《たぐ》り寄《よ》せた。この日本代表応援スタイルをＵＫＪの選手たちはどう思ったか。さちこさんは「(日本代表ユニフォームで)不快な思いをさせていたらどうしようか」と気にしていたが、選手たちは「ＵＫＪのＪの部分じゃないですか。むしろ、その姿がとても嬉しかったです」と口を揃《そろ》えた。それは「同化」でも「対立」でもまして「支配」でもない。互いに確立したアイデンティティの同志として共に戦った証《あかし》でもあった。橋を架ける者たちによって、橋はまた架かった。

◆俺たちはこうやって生きてきたのだから

最後にここに記しておきたい出来事がある。

ＵＫＪがチベット戦を制した後、移動のバスに向かっているとConIFAのスタッフを介して、パンジャブと5位6位決定戦を戦うカスカディア(北米北西部環境保護地域《かんきょうほごちいき》代表チーム)のマネージャーがやってきた。

カスカディアチームは、スタジアムに着いてから、ユニフォーム一式を忘れたことに気がついたという。このままでは不戦敗になってしまうので、もしもＵＫＪに未使用のショーツとストッキングがあれば貸してほしいという。サッカーの試合にもっとも重要なものを持たずに会場に来るとは、本来は没収試合《ぼっしゅう》である。選手として身につける大切なものであるし、ストッキングは他人に履《は》かれたらもう使用はできない。買いに行くなり、取りに戻《もど》るなりして、自分たちで解決すべき問題である。UKJは翌日の8時のバスで空港に向かうので、早めにパッキングもしてしまいたい。それでもやはり、試合ができないのは可《か》哀想《わいそう》だという声が出た。対戦相手のパンジャブにとっても残念なことである。「必ず洗って明日の朝のUKJの出発までには返すから、迷惑《めいわく》はかけない」とカスカディアのマネージャーも言う。チームとして人助けしようと、きゅうきょ貸すことにした。

ところが、翌朝、宿舎のロビーのデスクには、泥《どろ》だらけのソックスとショーツがそのまま放り投げられるように置かれていた。呆然《ぼうぜん》としていると、肝心《かんじん》のカスカディアのマネージャーが、こそこそとその横を通り抜けていこうとする。無視である。感謝も謝罪もない。「約束を破ってすみません。どうしても忙《いそが》しくて洗う時間がなかったのです」「申しわけないが、後からでも送らせてほしい」。そんな言葉が聞けたのなら、救いがあっただろう。信頼して貸してくれた選手たちにひと言もなく開き直ったような態度に、私はぶち切れて、怒鳴《どな》りつけた。すると逃《に》げるように外に出ていく。追いかけて詰《つ》めると、停《と》めてある車の前でぼそぼそと言いわけがましい言葉を吐《は》いて目を見ようともしない。非を認めたくないのか、チームに対して約束を破ったことに対する正式な説明も謝罪もなく、隙を見て車で逃げていった。

約束を守らず、他人に借りたものを汚《よご》して（環境保護団体でありながら）そのまま放り返す。カスカディアのこの態度は、互いの信頼で成り立っているConIFAにおいて、善意を正面から裏切る行為《こうい》であった。ＵＫＪはもうあと10分で出発である。マネージャーのソン・チャノが、選手に経緯《けいい》を説明して「俺が日本で全部洗って返すよ」と引き取った。

ホテル前の最後のあいさつで、選手に向かって監督のヨンハが言った。「ユニフォームの件、俺が責任者として貸すことを決めて、結果的に皆《みんな》の大切なものを傷つけてしまいました。まずそれを謝《あやま》ります。申し訳ない」。でも、と続けた。「今回は、残念だったけれど、もしもこれからのサッカー人生でまたこういうことで困っているチームがいれば、懲《こ》りずにまた助けてあげてほしい。俺たちの民族、俺たちの親はそうやって助け合って生きてきたのだから。そして同じサッカーをやっている仲間だ。困っている人がいたら、これからも助けてあげてほしい」

ConIFAワールドフットボール・カップ、11位。されど彼らこそ、サッカーの勝者である。ロンドンの町はＵＫＪを忘れない。

闘将《とうしょう》パク・トゥギはUKJからConIFAロンドン大会への帯同を求められたが、「俺《おれ》はいいよ」と断った。仕事が理由とされたが、本当は飛行機が怖《こわ》かったからだといわれている。

UKJとともにロンドンから帰国してまもない2018年7月、私は大阪のコリアンタウン、鶴橋《つるはし》で催された勉強会「東アジア市民社会研究会」を訪《おとず》れた。早稲田《わせだ》大学文化構想学部のキム・ギョンムク教授が、「「越境人《えっきょうじん》」の概念的《がいねんてき》構築に向けて」という堅《かた》いタイトルで報告を行っていた。キム教授は、これまで「在日《ざいにち》コリアンは国民国家の枠組《わくぐ》みに翻弄《ほんろう》されてきた」としたうえで、それを飛《と》び越《こ》え、境界を軽《かろ》やかに行き来する存在としての“ekkyojin”（越境人）を、学問の立場から定義して、積極的《せっきょくてき》なものとして構築していこうとしていた。報告を終えて自由なディスカッションに入り、しばらくして議論が落ち着くと、金教授は「ConIFA（コニファ）こそ、越境人的な視点に立った枠組みだと思います」と言った。

このような研究を続けている学者がConIFAを認識《にんしき》しているということが、私を嬉しくさせた。彼がその存在を「たまたま韓国《かんこく》の新聞を読んでいて知った」と聞けたことも大きな喜びだった。予算規模はまだまだ小さいConIFAだが、国際的な認知が進んできた。在日韓国・朝鮮《ちょうせん》人の存在を、世界の多くの人がサッカーを通して知るのだ。

そしてトゥギのことを思った。トゥギこそが越境人ではないか。サッカー部でもないのにTリーグを立ち上げて、結果的に選手を勝手に育成し、Jリーグ、Kリーグ、北朝鮮代表へと選手を送り出した。「蹴《け》りたい奴《やつ》は来いよ」と言って迎《むか》える朝高のグラウンドは、在日だけではなく、日本人や女子の選手もウエルカムだった。

名もない19歳《さい》の浪人生《ろうにんせい》の将来を信じて、何の見返りも考えずにひたすら練習につきあった男は、組織や人に縛《しば》られずに越境しつづける人間ConIFAだった。

ヨンハの座右《ざゆう》の銘《めい》は「クムン　イルオジンダ」（夢は叶《かな》う）である。そして彼は夢が多くの人の支えで成《な》し遂《と》げられたことを忘れない。引退後に目指したのはS級ライセンスを取得してプロの監督《かんとく》になることではなく、子どもたちの夢を最初にサポートするサッカースクールを開くことだった。

次に読んでほしい本

木村元彦
『橋を架ける者たち
――在日サッカー選手の群像』
集英社新書、2016年

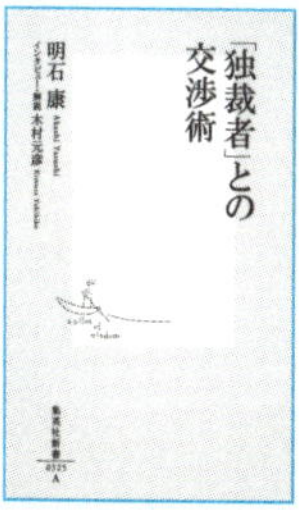

明石康
『「独裁者」との交渉術』
集英社新書、2010年

ここには登場しなかったたくさんの在日サッカー選手たちや、FIFAワールドカップに出場できない国の人々の姿を伝えます。

木村元彦

きむら・ゆきひこ

1962年生まれ。ノンフィクションライター。著書に旧ユーゴスラビアのサッカーをテーマにした『誇り』『悪者見参』『オシムの言葉』(2005年度ミズノスポーツライター賞最優秀賞)、『コソボ　苦闘する親米国家』などがある。『無冠、されど至強――東京朝鮮高校サッカー部と金明植の時代』『橋を架ける者たち』では、在日サッカー選手たちの肖像を描いた。

ちくまQブックス

在日《ざいにち》サッカー、国境《こっきょう》を越《こ》える

国籍《こくせき》ってなんだ?

2024年10月5日　初版第一刷発行

著　者　　木村元彦

装　幀　　鈴木千佳子

発行者　　増田健史

発行所　　株式会社筑摩書房

東京都台東区蔵前2-5-3　〒111-8755

電話番号03-5687-2601(代表)

印刷・製本　中央精版印刷株式会社

ISBN978-4-480-25153-4　C0375